인생 잠언

인생 잠언

지은이 | 황명환
초판 발행 | 2020. 9. 16
2쇄 발행 | 2020. 11. 24
등록번호 | 제1988-000080호
등록된 곳 | 서울특별시 용산구 서빙고로65길 38
발행처 | 사단법인 두란노서원
영업부 | 2078-3352   FAX | 080-749-3705
출판부 | 2078-3331

책값은 뒤표지에 있습니다.
ISBN 978-89-531-3846-9   03230

독자의 의견을 기다립니다.
tpress@duranno.com   www.duranno.com

황명환 목사의
잠언 강해

인생
잠언 / 성공편

The Proverbs

40th 두란노

CONTENTS

성공적인 인생을 위한
내비게이션, 잠언

잠언은 지혜 문서입니다. 지혜에는 세 분야가 있습니다. 고난의 지혜, 허무의 지혜, 형통의 지혜입니다. 고난을 만났을 때 어떻게 해야 하는가? 고난의 원인과 목적은 무엇이며, 어떻게 극복해야 하는가? 이것을 다루는 것이 '고난의 지혜'입니다. 고난의 지혜는 욥기에서 다룹니다. 인생이 허무할 때 그것을 극복하는 방법이 무엇인가? 어떻게 해야 허무에서 벗어날 수 있는가? 의미와 가치로 충만한 삶이 되려면 무엇을 해야 하는가? 이것을 다루는 것이 '허무의 지혜'입니다. 허무의 지혜는 전도서에서 다룹니다. 마지막으로, 어떻게 하면 인생을 성공적으로 살 수 있는가? 그 원리와 방법은 무엇인가? 여기에 대한 대답이 '형통의 지혜'이며, 잠언에서 다루고 있습니다.

차를 운전하고 갈 때, 가끔 이런 생각을 합니다. '내비게이션이 있어서 참 좋다. 나같이 길을 잘 못 찾는 사람에게는, 게다가 묻기를 싫어하는 사람에게는 더욱 그렇다. 이렇게 인생길도 안내해 주는 내비게이션이 있으면 좋겠다. 어떤 사람이든지 그대로 따라가기만 하면 목적지에 다다르게 되는 완벽한 성공의 내비게이션이 있을까? 그런 믿을 만한 인생의 지침서가 있을까?' 바로 '잠언'입니다. 성공을 위한 인생의 원칙, 행복하게 살아가기 위해 반드시 필요한 인생의 원칙이 잠언입니다.

잠언은 격언이나 속담과 같이 길게 설명하는 대신 아주 간단하게 정곡을 찌른다는 것이 특징입니다. 어떤 말은 충격을 주기도 하지만, 어떤 말은 있는 그대로를 묘사할 뿐 아무런 평가도 하지 않습니다. 구절 구절이 잘 연결되어 있지 않고 따로 떨어져 있기도 합니다. 그냥 보면 스토리가 만들어지지 않습니다.

그래서 잠언의 해석에는 몇 가지 방법이 필요합니다. 먼저는 하나님의 말씀으로 받아야 합니다. 이를 위해서는 믿음이 필요합니다. 다음으로 깊이 해석하고 이해해야 합니다. 바다 위에 떠 있는 섬을 보세요. 따로 떨어져 있습니다. 그러나 깊은 바닷속을 들여다보면 섬은 홀로 떨어져 있는 것이 아니라 이어져 있습니다. 잠언도 그렇습니다. 드러난 섬의 모습만 볼 게 아니라 바닷속에서 서로 연결된 모습도 보아야 합니다. 그래서 한 구절씩 떼어서 해석하지 말고, 가능하면 적당한 규모의 의미 단락으로 정리해서 해석해야 합니다. 마지막으로 나의 삶에 구체적으로 적용해야 합니다.

들어가는 말

이렇게 잠언을 읽을 때, 잠언의 말씀은 하나님의 깊은 뜻을 드러내며, 잘 정리된 인생의 지침이자 삶을 변화시키는 능력이 됩니다.

저는 교회 다니지 않는 분들에게 권면합니다.
"교회 좀 나오시지 그래요?"
그러면 이렇게 말하는 분들이 많습니다.
"왜 꼭 교회에 다녀야만 하나요? 다른 곳에 다니거나 아무 데도 안 다닐 수도 있잖아요? 좋은 책을 읽거나, 산에서 수양을 하거나, 나름대로 노력하면 되지 않나요? 꼭 교회에 나와야 한다는 말은 독선 아닐까요?"
그러면 저는 이렇게 대답합니다.
"사람이 너무나 고귀하기 때문이지요. 사람은 이 세상 무엇보다도 비싼 최고의 명품입니다. 가장 잘 만들어지고, 가장 정밀하고 우수하며, 세상에서 하나밖에 없는 소중한 존재입니다. 명품은 아무 곳에나 보내면 안 됩니다. 반드시 만든 곳으로 보내야 제대로 고칠 수 있고, 안심하고 맡길 수 있지요. 그런데 사람은 하나님이 만드신 최고의 걸작입니다. 이런 명품을 감히 누가 고치겠어요? 내 스스

인생 잠언

로? 병원에서? 산속에서? 아니에요. 물론 일부는 고칠 수 있겠지요. 하지만 제대로 고치려면 교회로 나와야 하는 것입니다. 일단 한번 나와 보세요."

명품에는 사용 매뉴얼이 있습니다. 하나님의 말씀은 '인간 사용 설명서'입니다. 이대로 하면 인간은 정말 명품답게, 제대로 살 수 있습니다. 부디 여러분 모두가 이 말씀을 배우고 익히고 순종하면서 하나님이 원하시는 멋진 인생, 성공적인 인생을 살게 되기를 바랍니다.

본서는 잠언의 세 가지 주제인 '지혜' '성공' '행복' 가운데 '성공'에 관한 것으로 잠언 12-21장의 내용을 다루고 있습니다.

잠언을 하나님의 말씀으로 듣고 삶에 적용하려고 애쓰는 수서교회 교우들, 함께 있음의 행복을 깊이 깨닫게 해주는 가족에게 고마운 마음을 전합니다. 무엇보다도 살아 계셔서 오늘도 우리에게 말씀하시고 그 말씀을 성취하시는 하나님께 영광을 올려드립니다.

2020년 9월
수서동산에서 황명환

1부

당신의 인격은 안녕한가요?

인격의 성숙을 위하여

잠 12:1-7

1   훈계를 좋아하는 자는 지식을 좋아하거니와 징계를 싫어하는
    자는 짐승과 같으니라
2   선인은 여호와께 은총을 받으려니와 악을 꾀하는 자는 정죄
    하심을 받으리라
3   사람이 악으로서 굳게 서지 못하거니와 의인의 뿌리는 움직
    이지 아니하느니라
4   어진 여인은 그 지아비의 면류관이나 욕을 끼치는 여인은 그
    지아비의 뼈가 썩음 같게 하느니라
5   의인의 생각은 정직하여도 악인의 도모는 속임이니라
6   악인의 말은 사람을 엿보아 피를 흘리자 하는 것이거니와 정
    직한 자의 입은 사람을 구원하느니라
7   악인은 엎드러져서 소멸되려니와 의인의 집은 서 있으리라

1

훈계를
좋아하십니까?

훈계에도 지혜가 필요합니다

한국 초대 교회의 김익두 목사님이 어떤 마을을 지나가고 있었습니다. 모내기하던 사람들이 모여 앉아 점심을 먹고 있는데, 가까이 가서 "예수를 믿으라"고 했더니 한 청년이 일어나서 "이 마을에서는 전도 안 하시는 게 좋을 겁니다"라고 말했습니다. 목사님이 이유를 묻자 그 청년은 "며칠 전에 비바람이 심하게 치던 날, 벼락이 치면서 이 동네 한가운데 있는 서낭나무를 때렸습니다. 가지가 부러지고 불탔습니다. 또 바위를 때려서 바위가 부서지고 논바닥이 푹 파였습니다. 아니, 나무가 무슨 죄가 있습니까? 바위가 무슨 죄가 있습니까? 하나님이 없든지, 있다면 장님이죠. 그런 하나님을 누가 믿겠습니까?" 하는 겁니다. 목사님이 듣고 보니 일리가 있어요. 그래서 돌아서서 "하나님, 지혜를 주십시오" 기도하고는 이렇게 말했습니다.

"자네 어릴 때 서당에 다녔나, 소학교에 다녔나?"

"네. 소학교에 다녔습니다."

"선생님의 손에 무엇이 있던가?"

"막대기가 있었지요."

"아이들이 떠들 때 그 막대기로 무엇을 하던가?"

"칠판이나 책상을 땅땅 쳤지요."

"칠판이 무슨 죄가 있나? 책상이 무슨 죄가 있다고 책상을 치는가?"

"아, 그거야 아이들 졸지 말고 떠들지 말라는 거지요."

"바로 그거네. 지금은 벼락이 바위를 때렸지만 다음에는 자네 머리를 칠 수도 있네. 그러니 자네도 돌아와서 예수님을 믿게. 그래서 하나님의 아들이 되면 얼마나 좋겠는가?"

이렇게 해서 그 청년을 전도했답니다.

우리 주변에는 많은 사건들이 있습니다. 나와는 상관없는 사건일까요? 아닙니다. 우리 주변에서 일어나고 있는 수많은 사건들은 다 나름대로 의미를 가지고 있습니다. 나에게 사인을 보내고 있는 것입니다. 나를 치기 전에 그 사건을 통해 깨닫고 돌아오라는 것입니다. 이것을 외면하면 언젠가 내가 그 사건의 주인공이 될 수 있습니다.

인생은 농사와 같습니다. 농사의 법칙은 '심은 대로 거둔다'는 것인데, 인생사도 마찬가지입니다. 비록 심는 시간과 거두는 시간, 그 장소가 달라지고, 대상이 달라져도 이 법칙은 변함이 없습니다. 그러므로 좋은 씨앗을 심어야 합니다. 덕과 근면을 심을 때 존경과

인생 잠언

재물이라는 열매를 거둡니다(잠 11:16). 인자와 공의를 심어야 생명을 거둡니다(잠 11:17-19). 그리고 구제하고 베풀어야 풍성하게 됩니다(잠 11:25).

그런데 어떻게 베푸는 삶이 가능할까요? 내 위에 무한한 수원지가 있습니다. 물론 그 수원지는 하나님이지요. 나는 그 수원지로부터 물을 공급받는 작은 웅덩이입니다. 웅덩이인 내가 물을 흘려보내지 않으면 수원지의 물을 더 이상 공급받을 수 없습니다. 사실 무한한 공급을 막는 것은 하나님이 아니라 나입니다. 내가 보낸 물이 흘러가서 만들어 내는 모든 열매가 내 상급이 되는데, 그 멋진 일을 하지 않는 것입니다. '그러므로 움켜쥐는 삶이 아니라 베푸는 삶을 살아라. 그리고 하나님께 상을 받아라. 이것이 참으로 남는 장사이며, 가장 소출이 많은 농사다'라는 것을 잠언 11장 후반부에서는 말해 줍니다.

훈계의 필요성

알면서도 올바른 길로 가지 않을 때 어떤 일이 생길까요? 낭패를 당하게 되겠죠. 그래서 훈계가 필요합니다. 훈계란 무엇일까요? '말로 듣는 책망'입니다. 그런데 훈계는 '간접적'입니다. 왜 간접적일까요? 아직 사건으로 일어난 것이 아니기 때문입니다. 다른 사람이 경험한 사건을 내가 전해 듣는 것이기 때문에 간접적입니다. 징계란 '사건으로 경험하는 책망'입니다. 그리고 내가 직접 경험한 일이기에 '직접적'인 것입니다.

예를 들어 볼까요? 자녀에게 아침에 일찍 일어나라고 말했는데, 일어나지 않았습니다. 그러면 일찍 일어나라고 다시 말로 책망합니다. 이것이 훈계입니다. 그런데 훈계를 듣고도 일어나지 않습니다. 그러면 혼을 내줍니다. 이것이 징계입니다. 처음부터 사건이 있는 것이 아닙니다. 처음엔 말로 훈계하고, 그것을 듣지 않을 때 사건으로 징계하는 것입니다. 그러므로 징계는 강력한 말씀입니다.

그렇다면 훈계는 왜 할까요? 인간은 완전하지 않습니다. 그리고 자기중심적입니다. 죄 많은 세상이기 때문에 사람들은 자기 멋대로 살려는 마음이 있습니다. 그러므로 잘못 가고 있을 때 무엇이 필요할까요? "안 돼, 그러지 마!"라고 말해 줘야 합니다. 이것이 훈계입니다. 잘못된 생각과 의지를 내버려 두면 점점 고치기가 어렵습니다. 자동차를 운전할 때, 가만히 있으면 직진할 것 같지만 그렇지 않습니다. 엉뚱한 곳으로 갑니다. 그래서 계속 방향을 조정해야 합니다. 인생도 그렇습니다. 훈계를 통해 방향을 조정해야 바르게 갈 수 있습니다.

삶에서 훈계는 꼭 필요한데 갈수록 훈계를 하지 않습니다. 들으려 하지 않으니까요. 포스트모더니즘 시대는 절대가치를 부정합니다. 내가 옳다고 생각하는 것이 진리입니다. 디모데후서 4장에서는 말세가 되면 "사람들이 바른 교훈을 듣지 않고, 자기가 듣고 싶은 것만 듣는 시대가 온다"고 했습니다. 다시 말하면 '올바른 이야기를 듣지 않는 시대가 올 것이다' '훈계를 원하지도 않고 듣지도 않는 시대가 올 것이다'라는 뜻입니다.

인생 잠언

그러니 누가 훈계를 하려고 할까요? 훈계를 하려면 뭐가 잘못인지를 분별하는 분별력이 있어야 합니다. 또한 상대방을 사랑해야 합니다. 정말 사랑하지 않으면 훈계를 하기 어렵습니다. 그리고 상대방이 들을 것이라는 신뢰가 있어야 합니다. 듣지도 않을 말을 해서 인심을 잃을 이유가 없지요. 그래서 갈수록 훈계하는 사람이 없어집니다.

　그러나 하나님은 우리를 훈계하십니다. 정말로 사랑하고, 어떤 경우에도 포기하지 않으시기 때문입니다. 전에 어느 곳에 가서 성경공부를 인도하는데, 매번 맨 앞에 앉아서 고개를 끄덕거리는 분이 있었습니다. 집이 먼데도 일찍 와서 꼭 그 자리에 앉았습니다. "일찍 나오기 힘드시죠?" 이렇게 물었더니 "혼나는 맛에 옵니다" 하는 겁니다. "네? 그게 무슨 말씀이세요?"라고 되물었더니 그분은 이렇게 대답했습니다.

　"시장에서 장사를 하다 보니 사람들과 부대끼며 하나님을 잊어버리곤 합니다. 그렇게 살다가 하나님 앞에 나와서 혼나고 갑니다. 그러면 시원함도 느끼고, '이렇게 살아야 하는구나' 알게 됩니다. 이런 시간이 없으면 저는 금방 못쓰게 됩니다. 제 영혼의 약입니다."

　'혼나러 온다.' 아주 기억에 남는 말입니다. 비록 100% 실천은 못하지만 나를 사랑해서 바른길로 가라고 하시는 말씀 속에서 하나님의 사랑을 깨닫는 것입니다. 부담스러워도 그 말씀을 듣는 동안 바른길을 갈 수 있다는 것입니다. 그래서 하나님의 말씀은 "교훈과 책망과 바르게 함과 의로 교육하기에 유익하다"(딤후 3:16)고 했습니다.

훈계를 통해 주시는 것

훈계의 효과는 무엇일까요?

첫 번째로 '기쁘게 받으면 지식'이 쌓입니다("훈계를 좋아하는 자는 지식을 좋아하거니와" 1절). 다시 말해 훈계를 좋아하지 않으면 무식해집니다. 미련해집니다. 하지만 훈계를 들으면 지식이 됩니다. "너 그러면 안 된다. 이렇게 해라"라는 말을 잘 들으면 자기의 지식이 됩니다. 그만큼 성장하고 지혜로워집니다. 더군다나 하나님의 말씀은 놀라운 지혜의 말씀입니다. 세상을 창조하신 분의 말씀입니다. 그 말씀을 읽고 들으면서 "아멘!" 하고 받아들이면 몸과 마음과 영혼이 지혜로워집니다.

그러나 거절하면 무식해지고 악에 사로잡히게 됩니다. 예수님이 베드로에게 말씀하셨습니다. "사탄아 내 뒤로 물러가라"(마 16:23). 왜냐하면 사탄이 들어와서 미혹했거든요. 이 미혹은 은밀한 가운데서 일어난 것이기 때문에 베드로 자신도 알지 못했습니다. 예수님은 이를 지적하여 빛 가운데로 노출시킵니다. 이때 훈계를 수용하면 마귀가 놀라서 도망갑니다. 하지만 "무슨 그런 말씀을 하십니까? 저보고 사탄이라니요? 너무하신 것 아닙니까?" 이렇게 부인하고 거절하면 마귀는 내 안에서 견고한 진이 됩니다. 나를 끌고 다닙니다. 훈계를 들을 때, 내 고집이 무너지고 지혜로워지고 더 나아가서 정결해집니다. 악이 떠나는 것입니다.

두 번째로 '은총'을 입습니다("선인은 여호와께 은총을 받으려니와" 2절). 누가 사랑을 받을까요? 훈계를 받아들이는 사람이 사랑을 받습니다. 자녀가 실수를 해서 부모가 훈계를 했습니다. "알겠습니다. 잘못했습니다. 다시는 그렇게 하지 않겠습니다" 이렇게 자녀가 잘 받아들이면, 실수를 했어도 사랑스럽습니다. 기분 좋게 용서하고 안아 줄 수 있습니다. 하나님도 그렇습니다. 우리는 잘못할 수 있습니다. 이때 하나님께서 그러면 안 된다고 말씀하실 때 "알겠습니다" 그러면 기뻐하십니다. 은총을 베푸십니다.

사실 훈계를 받아들인다는 것은 그 속에 담긴 사랑을 받아들이는 것입니다. 훈계를 통해 사랑의 소통이 일어나는 것이지요. 그래서 훈계를 받아들이는 자는 사랑받게 되는 것입니다. 왜 은총이라고 할까요? 훈계를 받는 사람이 대개 아랫사람이고, 훈계를 하는 사람이 높은 사람입니다. 그러므로 높은 사람의 사랑인 은총을 받는 것입니다.

나는 훈계를 좋아하는 사람인가요, 아닌가요? 누가 내 잘못을 지적하면 모욕으로 느끼고, 실망하거나 피합니까? 내 본분을 상기시키면 헐뜯는 것으로, 나를 못살게 구는 것으로 생각하고 나만 미워한다고 오해합니까? 그러면 훈계를 싫어하는 것입니다. 그런 사람에게는 더 이상 훈계하고 싶은 마음이 사라집니다. 훈계를 받을 때, "고맙습니다. 언제든지 말씀해 주십시오. 열심히 배우겠습니다. 고쳐 가겠습니다" 이런 자세를 가지는 사람은 어디서든지 사랑을 받습니다.

마지막으로 '굳게 서서, 안전한 길'로 갈 수 있습니다("사람이 악으로서 굳게 서지 못하거니와 의인의 뿌리는 움직이지 아니하느니라" 3절). 그래서 인생이 견고해집니다. 바른길로 가라는 훈계를 받아들였으니 그 길이 견고할 수밖에 없습니다. 어떤 회사가 제품을 만들었는데 수많은 소비자들이 비판합니다. "가격이 어떻다. 어떤 부분이 문제다. 이렇게 저렇게 해라" 이런 내용을 다 종합하여 반영한다면 그 제품의 경쟁력은 훨씬 높아질 것입니다. 비판자들조차 자기의 편으로 만들수 있습니다. 그러니 얼마나 견고해지겠습니까? 가는 길이 탄탄해집니다.

훈계를 들으면 이렇게 좋은 결과가 있는데, 사람들은 잘 듣지 않습니다. 그러면 결국 나중에는 징계가 옵니다. 사건으로 뻥! 터지는 것입니다. 그렇다면 징계란 과연 무엇일까요? 히브리서 12장에 답이 나옵니다.

> 또 아들들에게 권하는 것같이 너희에게 권면하신 말씀도 잊었도다 일렀으되 내 아들아 주의 징계하심을 경히 여기지 말며 그에게 꾸지람을 받을 때에 낙심하지 말라 주께서 그 사랑하시는 자를 징계하시고 그가 받아들이시는 아들마다 채찍질하심이라 하였으니 너희가 참음은 징계를 받기 위함이라 하나님이 아들과 같이 너희를 대우하시나니 어찌 아버지가 징계하지 않는 아들이 있으리요 징계는 다 받는 것이거늘 너희에게 없으면 사생자요 친아들이 아니니라 또 우리 육신의 아버지가 우리를 징계하여도 공경하였거든 하물며 모든 영의 아버지께 더욱 복종하며 살려 하지 않겠느냐 그들은 잠시 자기의 뜻대로 우리를 징계하였거니와 오직 하나님은 우리의 유익을 위하여 그의 거룩하심에 참여하게 하시느니라 무릇 징계가 당시에

는 즐거워 보이지 않고 슬퍼 보이나 후에 그로 말미암아 연단받은 자들은 의와 평강의 열매를 맺느니라 그러므로 피곤한 손과 연약한 무릎을 일으켜 세우고 너희 발을 위하여 곧은 길을 만들어 저는 다리로 하여금 어그러지지 않고 고침을 받게 하라 히 12:5-13

금지된 곳에 사자가 들어갔다가 큰 가시에 찔렸습니다. 발에 박힌 가시 때문에 괴로워합니다. 어떻게 해야 할까요? 사자를 묶고 가시를 빼줘야 합니다. 그래야 치료가 됩니다. 하지만 사자의 입장에서는 자기 몸을 묶어 놓고 가시를 빼려는 행동을 자기를 괴롭히는 것으로 생각할 수 있습니다. 하지만 가시를 빼려는 것은 사랑입니다. 징계란 벌이라기보다는 강한 치료법인 거지요. 그런데 징계를 거부한다면, 치료하는 사람을 잡아먹는다면 그것은 짐승입니다. 짐승이 된다는 것은 아무의 통제도 받지 않고, 본능이 지배하는 삶을 살게 된다는 것입니다. 그러나 훈계를 좋아하고 따르며 순종하면 지식이 쌓이고, 사랑을 받으며, 삶이 견고해집니다.

훈계의 방법

훈계는 어떻게 해야 할까요?

첫 번째로 '어진 마음'으로 해야 합니다("어진 여인은 그 지아비의 면류관이나 욕을 끼치는 여인은 그 지아비의 뼈가 썩음 같게 하느니라" 4절). 아내가 남편에게 권면합니다. 어떻게 해야겠습니까? 부드럽고 존중하는 마음으로 말해야 합니다. 그러면 남편은 '순한 양이 되어서' 다 듣습니다. 그런데 남편이 어떤 경우에는 "알았어, 알았다고, 그만해!" 하며 화를 냅니다. 왜 그런지 아십니까? 남자들은 마음 깊은 곳에서 자기가 가정의 지배자라고 생각합니다. 그래서 아내가 조언을 하더라도 남편의 권위를 인정하지 않으면 반응이 거칠어집니다. 그러므로 부드럽게 말해야 합니다. 부드럽게 말하면 다 듣습니다. 아내를 면류관처럼 아껴 줍니다. 그러므로 훈계는 어진 마음, 사랑하는 마음으로 해야 합니다.

지혜로운 아내는 누구입니까? 남편을 말로 이기는 아내일까요? 여성 인권을 위해 싸우는 아내일까요? 공부 많이 하고 아이큐 높은 아내일까요? 아닙니다. 정말 지혜로운 아내는 남편의 사랑과 존중을 받는 아내입니다. 충고할 때는 남편을 존중하는 마음으로 말해서 남편이 "맞아, 그렇군. 당신 말대로 해야겠어" 이렇게 말할 수 있도록 자존심을 꺾지 말고, 부드럽고 사랑스럽게 말해야 합니다. 남편은 그런 아내를 고마워하고, 존귀하게 여기며, 사랑할 것입니다. 그것이 아내로서 가져야 할 지혜입니다.

가정은 안식처입니다. 밖에 태풍이 불어도 안에서는 평안해야 합니다. 그래야 소생할 수 있습니다. 그런데 가정에서 쉴 수가 없다면, 남편을 공격하고 몰아붙이고 잔소리가 많다면 비록 그 말이 맞다 해도 받아들이기 어렵습니다. 이런 여자는 남편의 뼈를 썩게 한다고 말씀합니다.

두 번째로 '정직한 훈계'를 해야 합니다("의인의 생각은 정직하여도 악인의 도모는 속임이니라" 5절). 훈계의 내용은 구체적이고 객관적이어야 합니다. 그리고 훈계받는 사람을 위한 것이어야 합니다. "그냥 다 맘에 안 들어. 네 죄를 네가 알렸다!" 이러면 훈계가 되지 않습니다. 그것은 자기 성질에 못 이겨서 신경질을 내는 것밖에 안 됩니다. "어제 네가 한 그 행동은 이런 면에서 잘못된 것이다. 그렇게 하지 말고 이렇게 했어야 한다"라고 구체적으로 말해 주어야 합니다. 또한 자녀에게 "시험 성적이 이게 뭐냐? 좀 잘해라. 내가 창피해서 못 살겠다" 이러면 자녀를 위하여 훈계하는 것이 아닙니다. 이것은 역효과입니다. "네가 정말 잘되려면, 하나님이 너에게 주신 아름다운 삶을 살기 위해서는, 지금 열심히 공부해야 한다"고 말하여 자녀가 '정말 나를 위한 말씀이구나. 나를 사랑해서 하시는 말씀이구나' 이렇게 깨닫도록 하는 것이 훈계입니다.

과거에는 훈계를 어린 사람이 듣는 것이라고 생각했습니다. 그리고 지위가 낮은 사람이 듣는 것이라 여겼습니다. 그러나 아닙니다. 나이가 들어도 훈계를 들어야 하고, 지위가 높아도 훈계를 받아야 합니다.

훈계를 듣는 데도 지혜가 필요합니다

기독교 미래학자 레너드 스위트(Leonard Sweet)는 이렇게 말했습니다. "창의성은 배경 잡음 속에서 찾을 수 있다."

무슨 뜻일까요? 불만 속에 해답이 있다는 것입니다. 기업의 혁신은 어디에서 나올까요? 불만 속에서 나옵니다. 그래서 성공하는 기업은 반드시 불만을 귀담아듣고 제대로 반응하는 시스템을 가지고 있습니다. 앞으로 성공하고, 미래를 잘 헤쳐 나가려면 불만과 불평의 소리를 음표로 생각해야 합니다. 그것을 모으면 악보가 됩니다. 그 불만이 전체의 이익을 위한 것이라면 그 불만들은 명곡이 됩니다. 훈계를 음악으로 듣는다면, 잘 음미하며 듣고 그대로 한다면, 정말 우리는 지혜로워지고, 사랑받게 되고, 번성하게 될 것입니다.

당신은 나를 향한 누군가의 불평을 음표라고 생각해 본 적 있나요? 내가 그것을 따르면 나를 위한 멋진 음악이 된다고 생각해 보셨나요? '나를 향한 건의나 불평, 충고나 훈계, 이런 것은 나를 위한 음악이다. 잘 듣고 받아들여 연주해 보자' 하십시오. 아마 멋진 음악이 될 것입니다.

지혜로운 사람은 훈계를 듣습니다. 그래서 바른길로 갑니다. 지혜로운 사람은 의롭습니다. 그래서 정직하게 살아갑니다. 지혜로운 사람은 다른 사람을 살립니다. 그래서 칭찬을 듣고 삶이 번성합니다.

1. 하나님께서 우리를 훈계하시는 이유는 무엇일까요?

2. 훈계를 받아들이고, 바른길로 가게 된 경험이 있다면 무엇인가요?

3. 어떻게 하면 지혜롭게 훈계를 하고, 또 들을 수 있을까요?

살아 계신 하나님!
어리석고 미련하며 자기중심적인 우리를
말씀으로 훈계하시니 감사합니다.
훈계를 거부하고 고집을 부리다가
징계를 받는 일이 없게 하소서.
혹시 징계 가운데 있더라도 분노하거나
낙심하지 않고, 그 속에 나를 돌아오게 하여
치료하려는 사랑이 있음을 알게 하소서.
언제나 훈계를 좋아하고,
하나님 말씀을 가까이하는 우리가 되게 하소서.

12 소망이 더디 이루어지면 그것이 마음을 상하게 하거니와 소원이 이루어지는 것은 곧 생명 나무니라

13 말씀을 멸시하는 자는 자기에게 패망을 이루고 계명을 두려워하는 자는 상을 받느니라

14 지혜 있는 자의 교훈은 생명의 샘이니 사망의 그물에서 벗어나게 하느니라

15 선한 지혜는 은혜를 베푸나 사악한 자의 길은 험하니라

16 무릇 슬기로운 자는 지식으로 행하거니와 미련한 자는 자기의 미련한 것을 나타내느니라

17 악한 사자는 재앙에 빠져도 충성된 사신은 양약이 되느니라

18 훈계를 저버리는 자에게는 궁핍과 수욕이 이르거니와 경계를 받는 자는 존영을 받느니라

19 소원을 성취하면 마음에 달아도 미련한 자는 악에서 떠나기를 싫어하느니라

2

당신에게는
소망이 있습니다

생각에도 길이 있습니다

우리가 잘 아는 발명왕 토머스 에디슨(Thomas A. Edison)은 젊은 시절에 귀가 먹었습니다. 그러나 낙심하지 않고 열심히 연구해서 1000개가 넘는 엄청난 발명을 했습니다. 그래서 그의 별명이 발명왕입니다. 어둠을 밝히는 전기도 에디슨의 발명품입니다. 그는 말년에 이렇게 고백했습니다.

"참으로 감사한 것은 내가 젊어서 귀머거리가 되었다는 것입니다. 잡음이 들리지 않았기 때문에 연구에만 몰두할 수 있었습니다. 청각장애는 나에게 많은 도움이 되었습니다. 오늘의 나를 있게 했습니다."

인간의 특징은 생각할 줄 안다는 것입니다. 생각이 얼마나 중요할까요? 같은 사건도 올바르게 생각하면 축복이 됩니다. 그러나 잘못 생각하면 저주가 됩니다. 축복과 저주, 다 어디서 올까요? 생각에서 옵니다. 생각이 좋은 방향으로 가면 행복해집니다. 그러나 생각이 나쁜 방향으로 가면 의심과 고민이 생기고, 더 나아가면 절망하게 됩니다. 생각 때문에 행복해지고, 생각 때문에 불행해집니다. 왜 이런 차이가 생길까요? 생각에도 길이 있기 때문입니다. 생각은 바른길로 가야 합니다.

우리 인생은 광야와 같습니다. 앞에 끝없이 넓은 광야가 있다고 생각해 보세요. 아무 쪽으로나 걸어가면서 내가 길을 개척하는 것은 아닙니다. 바른길이 있습니다. 그 길로 가야 광야를 벗어날 수 있습니다. 잘못된 길로 가면 광야 속에서 헤매다 죽습니다.

우리는 맹수입니까, 양입니까? 아무도 나를 책임지지 않기 때문에 스스로를 책임져야 하는, 그래서 한없이 강해지지 않으면 살 수 없는 맹수일까요, 아니면 선한 목자가 있는 양일까요? 어느 쪽입니까? 우리는 '선한 목자가 있는 양'입니다. 하나님이 우리를 인도하십니다. 그 길을 따라갈 때 안전하고, 풍성한 꼴을 먹게 되는 것입니다.

희망과 소망은

현대과학의 꿈은 '에너지'라고 합니다. 무한히 지속되는, 작고 강력하고 효율적인 에너지를 확보하는 것이 미래를 결정하기 때문입니다. 예를 들면 단 한 번의 충전으로 자동차를 영원히 움직이게 만드는 배터리가 있다고 상상해 보세요. 물론 이론적으로는 불가능하지만, 이런 에너지를 얻으려는 노력은 치열합니다. 실제로 국가의 모든 힘을 동원해서 에너지를 확보하려고 몸부림치고 있습니다. 국가 간 분쟁도 에너지와 관련이 많습니다.

그러나 우리의 진정한 미래는 보이는 에너지에 달려 있지 않습니다. 그보다 더 위대한 에너지가 있습니다. 바로 희망입니다. 희망은 휘발유나 전기나 배터리보다 훨씬 강력하고 영구적입니다. 왜냐하면 희망은 우리의 삶에 시동을 걸고, 꿈을 실현시키는 에너지원이기 때문입니다. 아무리 환경이 좋아도 희망을 잃으면 소용이 없습니다. 그러나 희망이 있으면 어떤 환경도 헤쳐 나갈 수 있습니다. 그래서 프랑스 작가 빅토르 위고(Victor Hugo)는 말했습니다.

"건강한 사람은 희망이 있다. 그리고 희망을 가진 사람은 모든 것을 가진 것이다. 그러므로 가장 위대한 에너지는 희망이다."

그런데 성경은 희망이라는 말을 사용하지 않습니다. 대신에 '소망'이라고 말합니다. 소망이란 무엇일까요? 잠언 13장 12절에서는 '생명 나무'라고 말합니다("소원이 이루어지는 것은 곧 생명 나무니라"). 생명 나무란 생명을 가져오는 것, 가장 중요하고 절실한 것을 말합니다. 희망과 소망은 어떻게 다를까요? 사람이 바라는 희망도 그 효력은 대단합니다. 그런데 희망은 아무런 약속도 보증도 없는, 그저 희망일 뿐입니다. 하지만 소망은 다릅니다. 하나님이 주시는 약속과 보증이 있기 때문에, 희망이라 하지 않고 소망이라고 합니다. 희망이 인간이 스스로 만들어 가는 것이라면, 소망은 하나님이 인간에게 부어 주시는, 그래서 새로운 미래를 만들어 가는, 현실을 넘어서는 진정한 현실입니다. 우리 삶에서 가장 소중하며 없어서는 안 되는 것이 바로 소망입니다.

소망은 하나님으로부터

그러면 소망은 어디서 올까요? 하나님의 말씀에서 옵니다("말씀을 멸시하는 자는 자기에게 패망을 이루고 계명을 두려워하는 자는 상을 받느니라" 13절). 말씀 속에 소망이 있습니다. 왜 그럴까요? 하나님이 소망의 근원이기 때문입니다. 그래서 말씀을 들으면 소망이 오고, 말씀을 멸시하면 패망에 이릅니다. 계명이란 무엇일까요? 하나님의 명령입니다. 계명은 나를 불편하게 하는 것 같지만 사실은 나를 위한 것입니다. 사랑의 명령입니다. 계명은 올바른 길이고, 하나님이 원하시는 길이고, 내가 사는 길입니다. 그런 계명을 두려워한다는 것은 그것을 어기지 않으려고 애를 쓴다는 말입니다. 그럴 때 상을 받습니다.

에덴동산에서 하나님은 아담과 하와에게 "동산에 있는 과일은 다 먹어라" 하셨습니다. 아주 후하게 다 주십니다. 다만 하나의 조건이 있습니다. 계명을 지키라는 것입니다. 그것이 뭐죠? 십계명 이전에 있었던 오직 하나의 계명은 "선악과를 먹지 말라"는 것입니다. 이 계명을 지키면 모든 것을 주십니다. 그러므로 계명을 따르면 상을 받는 것입니다.

소망의 근원이신 하나님은 나에 대해 소망을 가지고 계십니다. 이것을 알아야 합니다. 이것보다 더 큰 소망은 없습니다. 나 자신에 대해 스스로 소망을 잃어버리고, 부모님도 나에 대해 소망을 갖지 않는다고 해도 하나님은 나를 향해 소망을 가지고 계십니다. "나는 다 끝났다. 쓸모가 없다. 길이 보이지 않는다" 이렇게 탄식하는 사람도 하나님께 나오면 소망이 생겨납니다. 빛이 보이고, 길이 보이기 시작합니다. 길이 없다고 생각합니까? 예수님이 길입니다. 예수님은 "내가 곧 길이요 진리요 생명이니"(요 14:6)라고 말씀하셨습니다. 그러므로 소망의 길은 예수님을 믿는 것입니다.

우리는 하나님이 다른 사람을 향해 가지고 있는 소망도 인정해야 합니다. 내가 보기엔 아무런 희망이 없어 보이는 사람이라도 하나님은 그 사람을 향해 소망을 가지고 계십니다.

한편, 소망을 향해 나아갈 때 지식이 필요합니다("무릇 슬기로운 자는 지식으로 행하거니와" 16절). 소망을 현실로 만들기 위해선 지식이 있어야 하기 때문입니다. 여기서 주목해야 할 사실은 소망이 지식보다 먼저라는 것입니다. 다시 말하면 꿈이 있어야 공부한다는 것입니다. 공부를 하다 보면 꿈이 생기기도 하지만 소망이 있어야 공부합니다. 그러므로 소망은 현실을 이끌어 가는 강력한 힘입니다.

소망을 키워 주십시오

'소망을 키워 주는 것'은 하나님의 뜻입니다. 17절의 '충성된 사신'이란 믿을 만한 심부름꾼을 말합니다("악한 사자는 재앙에 빠져도 충성된 사신은 양약이 되느니라"). 보내신 분의 뜻을 알고 그대로 행하는 사람입니다. 그런 사람은 다른 사람에게 양약이 됩니다. 소망이 무너져서 병든 사람들을 치료하는 방법은 소망을 키워 주는 것입니다. 그러므로 하나님께 충성된 사람은 다른 사람의 소망을 무시하거나 꺾어 버리지 않습니다. 도리어 격려하고 키워 주고 이루게 함으로써 그 사람을 치료합니다. 그럴 때 하나님의 선한 도구가 되고 '존영을 얻게 됩니다'. 존경을 받게 된다는 뜻입니다.

> 훈계를 저버리는 자에게는 궁핍과 수욕이 이르거니와 경계를 받는 자는 존영을 받느니라 잠 13:18

어떤 대화를 소개해 드리겠습니다. 이 대화의 문제점이 뭔지 생각해 보십시오.

아버지와 딸이 식당에서 식사를 하면서 좋은 시간을 가졌습니다.

"아빠, 나는 커서 돈을 많이 벌래요. 반드시 100억 원을 벌고 말거예요. 그리고 그 돈을 몽땅 가난하고 어려운 사람들을 돕는 데 쓰고 싶어요."

그 말을 듣고 아버지는 말했습니다.

"아빠도 네가 100억 원을 벌어서 가난하고 어려운 사람들을 도와주면 좋겠어. 하지만 그렇다고 다 준다는 것은 좋은 생각이 아냐. 그렇게 되면 오히려 네가 가난해져서 다른 사람의 도움을 받아야 해."

그러자 아이는 말했습니다.

"나는 돈 없어도 돼요. 그 돈을 모두 사람들을 돕는 데 쓸래요. 가난해도 괜찮고, 노숙자가 되어도 상관없어요."

"하지만 네가 노숙자가 되면 나라에서 세금으로 너를 먹여 살려야 하거든. 그러니까 다른 사람에게 몽땅 주면 안 돼."

아이는 어이가 없다는 듯이 아버지를 바라보았습니다.

"나는 아무것도 필요 없다니까요. 그냥 100억 원을 벌어서 남을 돕고 싶다고요."

"글쎄, 좋긴 하지만 다른 사람들을 도와주려면 너도 적당히 돈을 남겨서 재투자를 해야 한다니까! 생각해 봐. 네가 만약 좋은 열매를 맺는 큰 나무라고 생각해 보자. 사람들이 무척 배고파하기 때문에 네 열매를 다 주어서 모든 사람을 먹이고 싶어 하는 것은 좋아. 그런데 네가 네 뿌리에는 신경 쓰지 않고 이렇게 말한다면 어떨까? '내 뿌리를 다 뽑아 버려도 상관없어. 나는 그저 될 수 있는 한 열매를 많이 맺고 싶을 뿐이야.' 그러면 그 나무는 결국 죽어 버릴 거고, 다음 해부터는 열매를 맺을 수 없게 되잖니? 그러니 네 뿌리도 잘 돌봐야 해. 그래야 해마다 계속 열매를 맺을 수 있지."

아버지는 열심히 설득했습니다.

"아버지하고는 얘기가 통하지 않아요."

"나도 그렇다."

집으로 돌아오는 중에 아빠가 뒷좌석을 보니 딸이 울고 있었습니다.

"너 왜 우니?"

"아빠, 나는 그냥 세상을 변화시키고 싶어요. 내가 언제 노숙자가 되고 싶다고 했어요? 세상을 변화시키는 일에 사용되고 싶다고요. 그냥 내 꿈을 인정해 주면 안 돼요? 내 꿈까지 아빠가 만들어 줘야 해요?"

이 대화의 문제점이 뭘까요? 아빠가 아이의 마음속에서 자라고 있는 아름다운 꿈을 길들이려고 한 것입니다. 아이의 마음속에서 꿈틀거리는 아름다운 꿈을 격려하면 되는데, 다듬어지지 않았다고 말하면서 자기가 생각하는 모습으로 아이를 바꾸려고 했습니다. 자녀들이 무엇을 할지 모른다고 걱정하는 부모들이 많습니다. 아이들이 그렇게 된 이유는 무엇일까요? 소망이 수없이 좌절되었기 때문입니다.

소망이 살아 숨쉬게 하십시오

가정은 세상에서 가장 행복한 곳이어야 합니다. 그러나 그렇지 못한 경우가 너무 많습니다. 그 이유가 무엇일까요? 가정에서 소망이 좌절되기 때문입니다. 남편들이 흔히 저지르는 잘못은 아내의 소망을 저버리는 것입니다. 그러면 여자들은 무의식중에 그것에 대해 앙갚음을 합니다. 그래서 가정에 늘 긴장감이 도는 것입니다.

가정 전문가들에 따르면 아내가 남편에게 원하는 것이 네 가지 있다고 합니다. 첫째는 육체와 정서의 안정감, 둘째는 정기적이고 의미 있는 대화, 셋째는 성욕과는 무관한 스킨십, 마지막으로 로맨스에 대한 갈망입니다. 매일 남편에게 이런 것을 바란다는 거죠. 아내는 남편의 사랑과 헌신이 변함없음을 확인하고 그 안에서 안정감을 느끼고 싶어 합니다. 자기 마음을 남편에게 자유롭게 표현하고 싶어 하고, 또한 남편이 자신의 이야기에 귀 기울여 주기를 원합니다. 남편이 성욕에 관계 없이 자신을 안아 주길 바라고, 그래서 하나 됨을 확인하고 자기의 꿈과 희망에 대해 이야기하고, 자기 존재 자체로 소중하게 여겨지길 원합니다. 그러나 대부분의 남편은 아내들의 소망을 외면합니다. 피곤하다는 이유로. 여자들의 마음이 닫히는 이유입니다.

불행한 가정에는 무엇이 있을 것 같습니까? '좌절된 소망'이 가득합니다. 어떻게 해야 해결의 실마리를 풀 수 있을까, 자녀와 배우자의 소망이 뭔가, 그것을 위해 내가 무엇을 할 수 있는가, 스스로 물어보세요. 관계가 회복될 것입니다. 그럴 때 우리 가정은 희망이 살아 숨 쉬는 곳이 될 것입니다.

저는 초등학교 때 이런 경험을 했습니다. "앞으로 네 소원이 뭐냐?"는 선생님의 질문에 대통령이 되겠다는 아이가 한 반에서 두세 명씩 나왔습니다. 이때 선생님이 "야, 너도 대통령이 되겠다고? 아무개도 된다는데! 너는 포기해, 인마!" 하고 다른 아이의 이마에 꿀밤을 때렸습니다. 안 된다는 것입니다. "좋지, 좋아! 그 꿈을 가지고 노력해라" 격려해 줄 수 있어야 합니다. 직장에서는 사원의 희망을, 학교에서는 학생의 소망을 인정해 주어야 합니다.

미국의 흑인 인권운동가 제시 잭슨(Jesse Jackson) 목사님이 한 유명한 연설이 있습니다.

"희망이 살아 숨 쉬게 하라!"

그는 청년들을 향해 이렇게 말했습니다.

"여러분, 정맥에 마약을 넣는 대신 머리에 희망을 넣어야 합니다. 아무리 현실이 어려워도 마음만 먹으면 극복할 수 있습니다. 꿈을

꿀 권리를 행사하십시오. 희망으로 현실의 아픔을 극복하십시오. 희망은 생존과 진보의 최고 무기입니다."

한번 가슴에 손을 얹고 소리 내어 말해 봅시다.

"나에게는 소망이 있습니다. 인간적으로는 희망이 없다 해도, 하나님이 나에게 소망을 가지고 계시니 나에게는 소망이 있습니다. 인간의 꿈은 허황되지만 하나님의 소망은 새로운 현실을 만들어 낼 줄 믿습니다. 주님, 나를 향한 주님의 소망이 내게서 성취되게 하소서."

소망이 이루어졌을 때

한편 소망이 이루어졌을 때는 염두에 둬야 할 것이 있습니다. 19절입니다.

> 소원을 성취하면 마음에 달아도 미련한 자는 악에서 떠나기를 싫어하느니라 잠 13:19

소망이 성취되면 마음이 달달합니다. 만족하고 행복합니다. 이런 순간에 사람의 마음이 열리는데, 이때 대부분의 사람은 나쁜 쪽으로 열립니다. 소망이 좌절되고 실망했을 때, 고통과 실패 가운데 있을 때는 "주여, 살려 주소서. 이 고비만 넘게 해주소서!" 하고 간절히 기도합니다. 그런데 소망이 이루어지면 그때의 마음과 약속을 다 잊어버립니다. 소망이 이루어졌을 때가 약속을 실천하고 정말 유익한 일을 하여 하나님께 칭찬 들을 기회인데, 이때 악으로 달려간다는 것입니다. 미련한 것입니다. 그러므로 소망이 이루어졌을 때, 하나님 앞에 바로 서서 약속을 실천하는 사람이 되어야 합니다.

하나님은 나를 향한 소망을 가지고 계십니다. 따라서 당신에게는 소망이 있습니다. 그러므로 절대 스스로 포기해서는 안 됩니다. 나를 향한 소망이 뭔지 모르겠다면 "하나님은 저에게 어떤 소망을 가지고 계십니까?" 하고 여쭤야 합니다. 그리고 다른 사람에게도 "너는 소망이 없다"고 말해선 안 됩니다. 어떤 상황에 처해 있더라도 우리는 소망을 잃지 말아야 합니다. 하나님께는 절망이 없기 때문에 우리는 하나님 안에서 소망을 가지고 살아갈 수 있습니다.

1. 요즘 가장 많이 하는 생각은 무엇인가요? 내 생각의 길은 어디로 향하고 있습니까?

2. 희망과 소망의 차이는 무엇인가요? 하나님께서는 어떻게 소망을 키워 가시나요?

3. 우리 가정에서는 어떻게 서로의 소망을 지지하고 있나요? 배우자 혹은 자녀가 가진 소망은 무엇인가요?

함께
기도하기

살아 계신 하나님!
소망은 주님으로부터 오는 것임을 믿습니다.
사람들은 희망을 말하지만 보장이 없습니다.
그러나 하나님은 소망의 원천이시니
주님께 나와서 소망을 회복하게 하소서.

1 지혜로운 여인은 자기 집을 세우되 미련한 여인은 자기 손으로 그것을 허느니라
2 정직하게 행하는 자는 여호와를 경외하여도 패역하게 행하는 자는 여호와를 경멸하느니라
3 미련한 자는 교만하여 입으로 매를 자청하고 지혜로운 자의 입술은 자기를 보전하느니라
4 소가 없으면 구유는 깨끗하려니와 소의 힘으로 얻는 것이 많으니라
5 신실한 증인은 거짓말을 아니하여도 거짓 증인은 거짓말을 뱉느니라
6 거만한 자는 지혜를 구하여도 얻지 못하거니와 명철한 자는 지식 얻기가 쉬우니라
7 너는 미련한 자의 앞을 떠나라 그 입술에 지식 있음을 보지 못함이니라

3

소가 없으면
구유는 깨끗하지만

인생의 고도를 결정하는 삶의 태도

미국 성공학의 대가인 지그 지글러(Zig Ziglar) 박사는 이렇게 말했습니다.

"인생의 고도를 결정하는 것은 재능이 아니라 삶의 태도다."

인생의 고도란 쉽게 말하면 멋진 인생, 창조적 인생, 가치 있는 삶을 의미합니다. 내 인생의 고도는 어디에 있습니까? 땅바닥에 부딪힐 정도입니까, 100m 정도에 있습니까, 아니면 창공을 향해 높이 날아가고 있습니까? 이것을 결정하는 것은 바로 인생에 대한 태도입니다. 쉽게 말하면 재능이 많고, 돈이 많다고 멋진 인생을 사는 것이 아니라는 말입니다. 인생에 대하여 어떤 태도를 가지고 있는가가 중요합니다.

그렇다면 어떤 태도를 가져야 할까요? 그는 두 가지를 제시합니다. 첫째는 '성실'입니다. 성실해야 멋진 인생을 살 수 있습니다. 둘째는 '용기'입니다. 새로운 것을 시도하는 용기입니다. 다른 말로는 모험심입니다. 심리학자 폴 투르니에(Paul Tournier)는 말했습니다.

"사람은 언제 가장 흥분하는가? 새로운 모험을 할 때다."

진정한 즐거움은 모험에서 나옵니다. 모험이 없다면 인생은 지루해집니다.

아무것도 시도하지 않는 사람과 무언가를 시도하는 사람은 같은 인생을 사는 것이 아닙니다. 모험에는 즐거움만 있는 것이 아닙니다. 열매도 있습니다. 그렇다면 모험을 방해하는 것은 무엇일까요? 편리함입니다. 많은 사람이 모험 대신 편리함을 추구하며 살아갑니다. 그래서 모험에서 오는 즐거움과 열매를 포기하고 지루한 삶을 살아갑니다.

신앙에도 모험이 필요합니다. 하나님을 향한 새로운 시도, 새로운 도전을 하지 않으면 신앙이 지루해지고 식어 버립니다. 용기를 가지고 새로운 시도를 하기 바랍니다. 그럴 때 인생의 고도, 신앙의 고도가 높아질 것입니다.

이번 장에선 '일이란 무엇인가' '어떤 자세로 일해야 하는가' '다른 사람이 일하는 것을 어떻게 바라보아야 하는가'에 대해 알아보고자 합니다.

충성하는 사람만이 아는 비밀

첫째, 일이란 무엇일까요? 일이란 농사와 같습니다. 농사를 지어야 양식이 생기듯이 일하지 않으면 살 수가 없습니다. 먹고 살려면 일해야 합니다. 데살로니가후서 3장 10절에서 "일하기 싫어하거든 먹지도 말게 하라"고 했습니다. 사람은 반드시 일하게 되어 있고, 그럴 때 먹을 것이 생기고, 능력도 계발되고, 삶의 보람도 생겨납니다. 일을 통해 자기를 실현하고 더 나아가 세상과 하나님을 섬기는 것입니다. 일하지 않으면 살 수 없는 것이 인생입니다.

둘째, 어떤 자세로 일해야 할까요? 4절입니다.

소가 없으면 구유는 깨끗하려니와 소의 힘으로 얻는 것이 많으니라 잠 14:4

소는 농사를 짓는 데 꼭 필요한 가축입니다. 소가 하는 일이 얼마나 많습니까? 그러나 구유가 있으면 지저분하고, 벌레도 많이 생깁니다. 냄새도 납니다. 구유를 치워 버리면 얼마나 깨끗하겠습니까? 그러나 실제로 농사를 지어 보면 뭐가 중요한지 알 수 있습니다. 구유가 깨끗한 것이 중요할까요, 아니면 소가 힘 있게 일하는 것이 중요할까요?

"소가 없으면 구유는 깨끗하다."

맞는 말이죠. 그러나 더 중요한 것은 그다음 말입니다.

"소의 힘으로 얻는 것이 많으니라."

그러므로 구유가 더럽고 냄새난다고 소를 없애자는 것은 어리석은 일입니다. 구유에서 냄새난다고 소를 팔아 없애면 되겠습니까? 그러면 농사는 어떻게 짓고, 무엇을 먹고 살 것입니까? 아무 대책도 없이 가만히 있으면 누가 먹여 줍니까? 그럴 수 없는 것인데 그런 말을 하는 어리석은 사람들이 있다는 것입니다.

1부 당신의 인격은 안녕한가요?

또 소는 충성과 노력의 상징입니다. 소처럼 열심히, 충성스럽게 일하다 보면 욕도 먹습니다. "설친다" "혼자 다 한다" 이런 말도 듣습니다. 그런데 이런 비난이 얼마나 비합리적인 것입니까? 구유에서 냄새가 나니 소를 없애자고 주장하는 것과 다를 바 없습니다. 말도 안 되는 이야기지만 현실에서 이런 일은 얼마든지 일어납니다.

그런데 일하다가 비난을 받으면 낙심이 됩니다. 그럴 때 "그만두면 될 것 아냐?" 하고 포기하면 안 됩니다. 왜냐하면 그런 비난은 언제나 있기 때문입니다. 어리석고 게으른 사람들의 비난 때문에 꼭 해야 할 일을 포기해서는 안 됩니다.

교회에서도 봉사하다 보면 구설수에 오를 때가 있습니다. 알아주지도 않고, 어려운 일만 생기고, 열매가 보이지 않을 때, 우리는 흔들립니다. 시험에 드는 것입니다. 속상한 일이 있나요? 그럴 때는 어떻게 해야 합니까? "집어치울래. 알아주지도 않는데!" 이렇게 나오면 안 됩니다. 도리어 '나는 누구를 위해 이 일을 하는가?'라고 스스로 물어야 합니다.

요한복음 21장에서 예수님이 베드로에게 묻습니다.

"네가 나를 사랑하느냐?"

그는 대답합니다.

"제가 주를 사랑하는지 주께서 아시나이다."

"내 양을 먹이라"

예수님을 사랑한다면 주님의 일을 하라는 것입니다. '나는 왜 이 일을 하는가?'를 스스로 묻고 "내가 주님을 사랑하기 때문에 이

인생 잠언

일을 합니다"라는 고백을 할 수 있어야 합니다. 그러면 회복이 됩니다.

회복된 사람에게는 내면의 지성소가 생깁니다. '지성소'란 하나님과 나만이 아는 은밀한 교제의 공간을 말합니다.

"내가 주님을 사랑해서 이 일을 합니다."

"그래, 나도 안다. 네가 나를 사랑하는지."

그러면서 주님의 위로와 평안이 주어집니다. 그래서 다른 사람이 알지 못하는, 주님과 나만이 아는 비밀이 생겨납니다. 진정한 간증이 생겨납니다. "다른 사람이 알아주지 않아도 주님이 아시니 충분합니다"라고 고백할 수 있게 되는 것입니다.

우리나라 속담에 "구더기 무서워서 장 못 담글까?"라는 말이 있습니다. 구더기가 무서워서 장을 못 담근다면 얼마나 한심한 일입니까? 장을 담가 놓고 구더기를 없애야지요. 그러므로 매사에 적극적으로 생각하고, 열심히 일하며, 새로운 것을 시도하는 자세로 살아야 합니다. 비난을 너무 의식해서 해야 할 일을 포기하는 것은 다른 사람의 지배를 받는 것입니다.

일하는 사람을 격려하십시오

마지막으로 다른 사람이 일하는 것을 어떻게 바라보아야 할까요? 앞에 나가서 일하는 사람을 뒤에서 비난하지 말아야 합니다. 잘하라고 격려하고 도와줘야 합니다. 앞에서 일하는 사람이 없으면 무슨 변화가 일어나겠으며 어떤 일이 성취되겠습니까? 성경을 보면, 위대한 업적을 남긴 사람들은 하나같이 하나님을 바라보고 모험을 한 사람들입니다. 그들은 일하면서 고생도 많이 하고, 체험도 많이 합니다. 하나님은 그들을 통해서 영광을 받으셨습니다. 성경이 제시하는 이 관점으로 앞장서서 일하는 사람을 바라봐야 하는 것입니다.

이스라엘 사람들이 자주 사용하는 비유가 있습니다. 세상에는 세 종류의 사람이 있다는 것입니다.

첫째는 '거미 같은 인간'입니다. 거미는 항상 남의 것을 빼앗아 먹습니다. 먹이가 나타나기를 가만히 기다립니다. '복지부동'(伏地不動)이란 말이 있지요? 땅에 엎드려(복지) 움직이지 않는다(부동)는 뜻입니다. 일을 하면서 지나치게 몸을 사리는 것을 말합니다. 책임의식도 없고, 봉사정신도 없고, 인생을 치열하게 살려는 마음도 없습니다. 거미와 같이 자기는 수고하지 않고 가만히 앉아서 먹이가 나타나면 달려들어 잡아먹습니다. 언제나 새로운 시도를 반대합니다. 그러나 욕심은 많아서 자기 이득은 철저히 챙깁니다.

둘째는 '개미 같은 인간'입니다. 개미는 남의 것을 빼앗지도 않고, 남에게 자기 것을 주지도 않습니다.

셋째는 '꿀벌과 같은 인간'입니다. 자기를 위하지만 그것을 통해 다른 사람을 이롭게 합니다. 생산성이 있다는 말입니다.

우리나라의 어느 대통령이 이런 말을 했습니다.

"물은 100℃가 돼야 끓는데, 아무도 먼저 물을 끓이려고 하지 않습니다. 그런데 누군가가 그 일을 시작해서 90℃쯤 되면 그때는 사

　　　　　　　　　　　　　인생 잠언

람들이 달려듭니다. 다가와서 간섭하기 시작하고, 콩 놔라 팥 놔라 떠들고, 소관이 어디냐고 밥그릇 싸움을 하는데, 이게 문제입니다. 어떤 일을 되게 만들어야 하는데 꼼짝도 안 하고 있다가, 아무 일도 없는 것을, 싫은 소리 듣지 않는 것을 최고 목표로 삼고 있다가, 어느 순간 입장을 바꿉니다. 이런 사람들은 언제나 새로운 것을 시도하고 모험을 한 사람 덕에 먹고살면서도 그런 사람을 가장 많이 비판합니다. 나라가 이렇게 된다고 생각해 보세요. 어떻게 살아갈 수 있을까요?"

"원망에도 논리가 있다"는 말이 있습니다. 무슨 소리일까요? 내 마음속에 불평이 있으면 그 불평이 그대로 있지 않습니다. 불평할 수밖에 없는 논리를 만들어 냅니다. 이것은 이래서 싫고, 저것은 저래서 나쁘고, 끝없이 원망의 이유를 생산해 냅니다. "겨울? 겨울이니까 좋지. 여름? 여름이니까 좋지" 이런 사람은 행복합니다.

그런데 "나는 겨울이 싫어!" "왜? 그 이유가 뭔데?" 하면 "그냥!"이라고 말하지 않습니다. 추우니까, 감기에 잘 걸리니까, 눈이 오면 미끄러우니까 등등 싫어하는 이유를 얼마든지 만들어 냅니다. 분명한 이유가 있어서가 아닙니다. 감정적으로 싫어졌기 때문에 싫은 이유를 생산하는 것입니다.

내가 이 돈을 가지고 일을 할 수 없는 이유! 수십 수백 가지라도 열거할 수 있습니다. 그러나 좋아지면? 그런 이유를 만들어 내지 않습니다. 얼마든지 그 상태에서도 일할 수 있는 이유를 만들어 냅니다. 이런 의미에서 논리는 믿음에 종속됩니다.

미국의 드와이트 무디(Dwight Moody) 목사님은 공부를 많이 하지 못했습니다. 그래서 말을 할 때도 단어나 문법에서 실수가 많았습니다. 어느 날 목사님이 설교를 끝내고 내려오니까 어떤 사람이 이렇게 말했습니다.

"목사님은 설교 중에 문법적인 실수가 너무 많습니다. 1분에 무려 60번 이상이나 실수를 했습니다."

그러자 목사님은 이렇게 대답했습니다.

"맞습니다. 제가 무식해서 그렇습니다. 나는 무식해도 하나님을 위해서 이렇게 일합니다. 그런데 당신은 그 유식함을 가지고 하나님을 위해서 무엇을 했습니까?"

그러자 그 사람은 아무 말도 못했다고 합니다.

즐겁게 일하는 지혜가 있기를

이 세상에 지혜가 없는 것이 아닙니다. 거만하기 때문에 지혜를 놓칠 뿐입니다("거만한 자는 지혜를 구하여도 얻지 못하거니와 명철한 자는 지식 얻기가 쉬우니라" 6절). 자기의 잘못이나 실수를 인정하지 않기 때문에 결국은 어리석은 길을 갑니다. 세상도 지혜를 찾지만 자기 논리에 빠져서 헤어나지 못하기 때문에 어리석은 길에서 벗어나지 못하는 것입니다.

거만하면 결국 어떤 사람이 될까요? 미련한 사람이 됩니다. 미련한 사람은 말만 하고, 실제로는 일하지 않습니다. 땀 흘려 일하지 않고 소 때문에 더럽다고 소리를 지릅니다. 이런 사람을 어떻게 하라고 합니까? 떠나라고 합니다. 함께 있으면 나도 의욕이 꺾이기 때문입니다("너는 미련한 자의 앞을 떠나라 그 입술에 지식 있음을 보지 못함이니라" 7절).

소가 없는 깨끗한 외양간을 원하십니까? 아니면 외양간에 소가 있고 그 소가 열심히 일해서 농사를 짓는 것이 좋습니까? 일하지 않으면서 편리한 삶을 추구하는 것은 잘못입니다. 일하는 것이 아름답습니다. 손에는 소똥이 묻고, 이마에는 땀이 흘러도 거기서 생명력이 나오고 열매가 맺힙니다. 이렇게 살 때 욕을 먹을 수도 있습니다. 원래 그런 것입니다. 그러나 흔들리지 않고, 남이 뭐라고 하든지 열심히 땀 흘려 일하는 것, 이것이 지혜로운 삶입니다.

부지런하고 열심히 일하던 우리 국민들이 일에 대한 의욕을 잃고 방황하고 있습니다. 일에 대한 가치관을 새롭게 정립하고, 일할 수 있는 의욕이 살아나야 합니다. 국민이 일할 의욕을 북돋우는 정책을 펼치도록 지도자들에게 지혜와 분별력을 주시기를 기도해야 합니다. 소가 없으면 구유는 깨끗하지만, 이것은 바람직한 것이 아닙니다. 이런 가치관을 가져서는 안 됩니다.

하나님은 오늘도 일하십니다. 그래서 예수님은 "내 아버지께서 이제까지 일하시니 나도 일한다"(요 5:17)라고 말씀하셨습니다. 우리는 하나님의 자녀로서 열심히 일해야 합니다. 그럴 때 비난을 받을 수도 있습니다. 그래도 흔들리면 안 됩니다. 그리고 다른 사람이 일할 때 비난하면 안 됩니다. 스스로 먼저 즐겁게 일하고, 또한 다른 사람도 즐겁게 일하도록 격려해 주며, 그래서 하나님과 세상을 섬기는 멋진 인생을 살아야 합니다.

1. 인생과 신앙의 고도를 결정하는 태도에는 어떤 것이 있나요? 내가 가진 성실과 도전의 모습은 어떤 것들이 있나요?

2. 일을 대하는 우리의 자세와 일꾼을 대하는 우리의 자세는 어떠해야 할까요?

3. 하나님이 나에게 원하시는 일, 내가 하나님 앞에서 해야 할 일에는 어떤 것들이 있을까요?

살아 계신 하나님!

"일하기 싫으면 먹지도 말라"고 하신 주님의 말씀을 기억합니다.

성실하게 일하고, 때로는 모험도 필요한 것이 인생인데,

소가 없어야 구유가 깨끗해진다는 말에 속지 않게 하소서.

땀 흘려 열심히 일하며 살게 하소서.

비난을 받을 때 낙심하지 않게 하소서.

자기는 일하지 않고 앞에서

일하는 사람을 비난하는 어리석음에서 건져 주소서.

8 슬기로운 자의 지혜는 자기의 길을 아는 것이라도 미련한 자의 어리석음은 속이는 것이니라
9 미련한 자는 죄를 심상히 여겨도 정직한 자 중에는 은혜가 있느니라
10 마음의 고통은 자기가 알고 마음의 즐거움은 타인이 참여하지 못하느니라
11 악한 자의 집은 망하겠고 정직한 자의 장막은 흥하리라
12 어떤 길은 사람이 보기에 바르나 필경은 사망의 길이니라
13 웃을 때에도 마음에 슬픔이 있고 즐거움의 끝에도 근심이 있느니라
14 마음이 굽은 자는 자기 행위로 보응이 가득하겠고 선한 사람도 자기의 행위로 그러하리라
15 어리석은 자는 온갖 말을 믿으나 슬기로운 자는 자기의 행동을 삼가느니라
16 지혜로운 자는 두려워하여 악을 떠나나 어리석은 자는 방자하여 스스로 믿느니라
17 노하기를 속히 하는 자는 어리석은 일을 행하고 악한 계교를 꾀하는 자는 미움을 받느니라
18 어리석은 자는 어리석음으로 기업을 삼아도 슬기로운 자는 지식으로 면류관을 삼느니라
19 악인은 선인 앞에 엎드리고 불의한 자는 의인의 문에 엎드리느니라

4 _____

선은
반드시 승리합니다

하나님은 다 보고 계십니다

얼마 전 초등학교 친구와 이야기를 나누다가 오래전 그 친구가 수업 시간에 도시락을 먹다 혼난 일이 생각났습니다.

어느 날 오전 시간이었습니다. 선생님은 칠판에 글씨를 쓰고, 아이들은 받아 적고 있는데, 제 옆에 앉은 친구가 도시락을 꺼냈습니다. 보리밥에 고구마를 섞은 것이었는데, 반찬은 고추장과 볶지 않은 멸치였습니다. 이 친구는 도시락 뚜껑으로 앞을 가리고 그 앞에는 책을 세워 놓고 먹기 시작했습니다. 제 딴에는 숨을 죽이고 먹는데, 고추장에 밥을 비비고, 멸치를 고추장에 찍어서 먹으니 얼마나 맵겠어요? 매우니까 혀를 내밀고 헉헉거리는데 땀도 나죠. 그런데 먹다가 앞을 보니 선생님이 안 보이는 겁니다. 그러자 옆에 있던 저에게 "야, 선생님이 없다. 너도 먹어"라고 말했습니다. 저는 "나는 안 먹어" 그랬죠. 이 친구가 다시 먹다가 아이들이 조용하니까 이상하다 싶어서 좌우를 보니 선생님이 안 계십니다. 그러자 좀 큰 소리로

"봐, 선생님 없잖아. 너희들도 먹어"라고 했습니다. 그러더니 다시 앉아 먹기 시작했습니다. 그런데도 조용하니까 불안해졌는지 먹는 속도를 늦추고 다시 사방을 둘러보았는데, 안 계십니다. 안심하고 다시 밥을 먹으려는데 아이들이 웃기 시작했습니다. 그 친구가 불안해져서 뒤를 돌아보니, 선생님이 그를 빤히 내려다보고 있는 겁니다. 얼마나 당황했겠습니까? 얼굴이 빨개졌는데, 선생님이 말했습니다. "그렇게 맛있냐?" 하더니 웃으면서 칠판으로 걸어갔습니다. 그 얘기를 하고 엄청나게 웃었습니다.

저는 그때 선생님의 눈을 기억합니다. 친구는 제 딴에 숨기려고 했지만 선생님은 처음부터 다 보고 있었습니다. 하나님 앞에서도 마찬가지입니다. 우리는 숨기려 해도 하나님은 다 보고 계십니다.

인생을 살면서 우리가 기억해야 할 가장 중요한 원리가 있습니다. '선은 반드시 승리한다'입니다. 악은 망하고, 선은 승리합니다. 왜 그럴까요? 하나님이 그렇게 만들었기 때문입니다. 현재를 보면 선악이 대립하고 있는 것 같지만, 또 어떤 경우에는 악이 강한 것 같지만 그것은 과정일 뿐 최후에는 선이 승리하게 되어 있습니다. 선의 최후 승리가 약속되어 있습니다. 이것을 믿어야 합니다. 천국과 지옥도 이 기초 위에 서 있습니다. '선은 반드시 승리한다' 이것을 아는 사람과 모르는 사람의 삶은 전혀 다르게 전개됩니다.

목적지가 어디입니까

인간은 '하나님의 나라라는 목적지를 향해 걸어가는 순례자'입니다. 본문은 이렇게 목적이 분명한 삶이라는 전제를 놓고 지혜로운 사람과 어리석은 사람을 비교합니다.

그렇다면 지혜란 무엇입니까? 자기 길을 아는 것입니다("슬기로운 자의 지혜는 자기의 길을 아는 것이라도" 8절상). 직역하면 '자기 인생길에 대하여 생각하는 것'을 의미합니다. '인생이란 뭔가? 하나님 나라를 향해 걸어가는 것이다. 나를 기다리시는 하나님이 계신다. 그분 앞에 서게 될 것이다. 그렇다면 나는 어떻게 살 것인가?' 이것을 깊이 생각하는 사람입니다.

예수님은 "내가 곧 길이요 진리요 생명이니 나로 말미암지 않고는 아버지께로 올 자가 없느니라"(요 14:6)고 말씀하셨습니다. 하나님께 나아가는 방법은 예수님을 통해서만 가능합니다. 그러므로 예수를 믿고, 하나님의 자녀가 되어 그 나라를 향해 나아가는 사람이 지혜로운 사람입니다.

당신은 내가 누구인지 정체성이 분명하고, 내 인생의 목적지가 어딘지 확실히 아시나요?

> 영접하는 자 곧 그 이름을 믿는 자들에게는 하나님의 자녀가 되는 권세를 주셨으니 요 1:12

나는 예수를 믿는 사람입니다. 그리고 하나님의 자녀가 되었습니다. 때문에 내 인생의 최종 목적지는 무덤이 아닙니다. 하나님 나라, 천국입니다. 그곳을 향해 가고 있다는 것을 믿습니까? 이것을 아는 것이 지혜입니다. '그러므로 하나님 말씀대로 살자. 하나님의 뜻을 따라 살자' 결심하고 살아가는 사람이 지혜롭고 슬기로운 사람입니다.

그렇다면 어리석은 자는 누구일까요? 목적지가 없는 사람입니다. 인생에 어떤 목적 따위가 있다고 생각하지도 않습니다. 되는대로 살아갑니다. 이런 사람의 특징은 죄를 심상히 여기는 것입니다("미련한 자는 죄를 심상히 여겨도" 9절). 죄를 우습게 본다는 말입니다.

죄가 무엇입니까? 죄는 헬라어로 '하마르티아'인데, '과녁에서 벗어났다'는 뜻입니다. 목적이 있는데, 그 목적에서 벗어난 것이 죄라는 것입니다. 분명한 목적이 있는데, 그것을 외면하고 제멋대로 사는 사람은 미련한 사람입니다.

왜 죄를 우습게 볼까요? 하나님을 보지 않고 사람을 보기 때문입니다. "다른 사람도 다 그런데 어떠냐? 내가 너보다는 낫다" 이렇게 비교하며 죄를 가볍게 여깁니다. 그리고 환경 때문이라고 핑계합니다. "여건이 그렇기 때문에 어쩔 수 없다"라고 말합니다. 또한 무엇보다도 결과가 눈에 바로 보이지 않습니다. '죄짓고도 잘만 살더라' 이렇게 생각하는 겁니다. 이런 생각이 자기 딴에는 똑똑한 것 같습니다. 하지만 사실은 스스로를 속이는 것입니다("미련한 자의 어리석음은 속이는 것이니라" 8하절).

정직한 자에게는 은혜가 있습니다. 어떤 은혜일까요? 정직한 사

인생 잠언

람은 죄를 심각하게 여깁니다. '이렇게 살면 안 되는데! 누가 뭐래도 나는 하나님 앞에 진실하게 살겠다'고 다짐합니다. 비록 실수를 하더라도 곧바로 회개합니다. 그래서 다시 은혜를 입게 됩니다. 이것이 지혜입니다. "악한 자의 집은 망하겠고 정직한 자의 장막은 흥하리라"(11절)는 말씀은 변하지 않는 진리입니다.

선하게 살지 못하는 이유

'선은 반드시 승리합니다.' 이 말에는 다 동의를 합니다. 그런데 왜 그렇게 살지 않을까요? 그것이 나 자신의 일이 되면 그렇게 살기가 어렵고, 이익과 연결되면 더 어려워지기 때문입니다.

> 어떤 길은 사람이 보기에 바르나 필경은 사망의 길이니라 잠 14:12

어떤 길은 사람이 볼 때 옳은 것 같습니다. 그러나 내가 볼 때 옳다고 해서 그것이 다 옳은 것은 아닙니다. 인간의 능력에는 한계가 있기 때문입니다. "사람이 보기에" 바른 것 같아도 하나님이 보실 때는 그렇지 않을 수 있습니다. 틀린 것입니다.

인간은 겉을 보고 현재만 볼 뿐입니다. 오늘만 보면 악한 사람이 잘 사는 것 같습니다. 그러나 중요한 단어가 있습니다. "필경은"입니다. 영어로는 'in the end'입니다. '결국에는' '끝에는' '마지막에는'이란 뜻입니다. 마지막을 보아야 한다는 것입니다. 인간의 눈에는 마지막이 보이지 않으므로 올바른 길인지 아닌지 구별하기가 어렵습니다. 그래서 혼동을 일으킵니다.

'사람이 보기에는 바른길 같지만 결국은 사망의 길'이라는 말은 변증학에서 사용하는 말입니다. 변증학이란 기독교 진리를 객관적으로 설명하고 증명하는 학문을 말합니다. 사실 다른 종교에는 참된 진리가 아닌, 진리처럼 보이는 내용들이 많습니다. 하나님이 말씀하신 것이 아니라 인간이 만들어 낸 것이므로 사람이 보기에는 그럴듯하지만 필경은 사망의 길로 가게 합니다.

창세기 29장 25절에 보면 이런 말이 있습니다. "야곱이 아침에 보니 레아라!" 이 말의 배경을 아시나요? 야곱이 라헬을 사랑해서 7년 머슴살이를 하며 기다린 끝에 결혼을 합니다. 첫날밤에 옆에 누운 여자가 당연히 라헬이라고 생각했습니다. "라헬, 라헬! 내가 얼마나 당신을 사랑하는지 알지? 당신과 이렇게 결혼해서 정말 행복해"라는 말들을 속삭이지 않았겠습니까? 그런데 다음 날 아침, 눈을 떠보니 라헬이 아닙니다. 라헬의 언니 레아였습니다. 야곱의 충격이 어떠했겠습니까?

나는 그것이 진리라고 생각하고 따르고 헌신했습니다. 그런데 나중에 보니 아니었습니다. 어떻게 하면 좋습니까? 인생을 다 살고 나서 이런 일이 생기면 어떻게 할까요? 내가 옳다고 믿었던 가치관이 나중에 알고 보니 잘못된 것이라면 어떡합니까? 기가 막힐 일입니다. 그런데 세상에는 이런 일이 너무나 많습니다.

어떤 길이 옳습니까

도대체 뭐가 옳은 것이고 뭐가 틀린 것일까요? 도덕적으로 '부도덕한 길'이며, '권모술수의 길'은 틀린 길입니다. 우리는 당장의 이익을 위하여 악을 선택할 때가 있습니다. 죄가 고통만 줄까요? 아닙니다. 힘들고 고통스럽기만 하면 누가 죄를 짓겠습니까? 죄는 재미와 이익과 안전과 편리를 줍니다. 그러니까 죄를 짓습니다.

그런데 인생의 목적이 무엇일까요? 잘 먹고 편하게 사는 것입니까? 아닙니다. 인생의 목적은 언제나 하나님 나라입니다. 이것이 주제이고, 우리는 그곳을 향해 가는 순례자입니다. 그렇다면 순례자의 관점에서 생각해야 합니다. 이렇게 보면 어떤 것이 옳은지, 어떤 것이 나쁜지 구별할 수 있습니다.

종교적으로 '율법의 길'도 틀린 길입니다. 율법의 길은 사람이 보기에는 옳지만, 그러나 필경은 사망의 길입니다. 내가 행한 것 때문에 구원을 받는 것이 아닙니다. 오늘이라도 죽으면 천국에 갈 수 있을까요? 혹시 왜 갈 수 없다고 생각하시나요? 선을 행한 일이 없어서요? 얼마나 선한 일을 많이 해야 할까요? 10년, 50년, 100년 열심히 봉사하면 영원한 생명을 얻을 수 있을까요? 누가 판단합니까? 행위를 통한 구원이 사람이 볼 때는 아주 논리적인 것 같지만, 사실은 아주 비논리적이고 교만한 생각입니다. 필경은 사망의 길로 가는 것입니다.

'은혜의 길'이 옳은 것입니다. '나는 아무것도 아닙니다' '자격이 없는 사람입니다' '오직 십자가의 은혜로 구원받는 줄 믿습니다' 이것이 옳은 길입니다. 사람이 보기에 옳은 것과 하나님이 보시기에 옳은 것은 다릅니다. 내가 보기에 옳다고 옳은 것이 아닙니다. 하나님이 옳다고 하는 것이 옳은 것입니다.

"내가 눈으로 보았으니 사실이다."

"아니다. 네가 본 것은 틀렸다. 내가 본 것이 사실이다."

같은 사건을 놓고도 두 사람이 증언하는 내용이 다릅니다. 그렇다면 사실은 무엇일까요? 마이크 플린(Mike Flynn) 목사는 이렇게 말했습니다.

"하나님이 어떻게 보시는가? 그것이 진정한 사실이다."

사람들이 사실이라고 하는 것은 사실처럼 보일 뿐입니다. 진정한 사실은 하나님이 보시는 것입니다. 사람들은 변명합니다. 그러나 변명은 사람에게나 통하는 것이지, 하나님 앞에서는 통하지 않습니다. 더 깊은 것을 다 아시기 때문입니다. 따라서 몰라준다고, 잘못되었다고 분노하지 않아도 괜찮습니다. 하나님이 언젠가 다 밝히실 것입니다.

일전에 특강을 하기 위해 어떤 모임에 간 적이 있습니다. '하나님의 음성을 듣는 법'이란 주제였습니다. 강의를 끝내고 참가한 사람들이 간증하는 시간이 이어졌는데, 어느 여대생이 이렇게 간증했습니다.

학교 부근에 영화관이 있는데, 약간 야하지만 꼭 보고 싶은 영화가 있었습니다. 혼자 가기는 그래서 친구하고 같이 가려고 했습니다. 그런데 그 친구와 약속을 잡으면서 극장 앞에서 만나자 하지 않고 어느 전철역 몇 번 출구에서 몇 시에 만나자고 말했습니다. 거기서 만난 다음에 길을 걷다가 "어, 여기 영화관이 있네? 우리 모처럼 만났는데 영화나 볼까?" 이렇게 해서 영화를 재미있게 보았다고 했습니다. 그날 저녁, 방에서 기도하는데 "하나님, 오늘 친구와 만나서 우연히 영화를 보았습니다" 이렇게 말하는 순간, 하나님의 음성이 들려왔습니다.

"아니다, 너는 그 영화가 보고 싶어서 친구를 불러낸 것이다."

그와 동시에 친구 앞에서 자기가 한 말과 장면이 그대로 떠올랐습니다. 마치 그 극장을 처음 본 것처럼, 그 영화도 처음 보는 것처럼 친구 앞에서 호들갑을 떨었던 것입니다.

겉으로 볼 때, 이 여대생은 친구와 만나서 우연히 영화를 본 것입니다. 하지만 진실은 그 영화가 보고 싶어서 일부러 친구를 불러낸 것입니다. 하나님의 지적이 맞습니다. 그래서 이렇게 고백할 수밖에 없었습니다.

"맞습니다, 주님! 제대로 보셨어요. 제가 주님을 속였습니다. 우연히 만나서 즐거운 시간을 가진 것이 아니라 일부러 불러내서 본 것입니다. 주님은 저보다 저를 더 잘 아십니다."

내가 옳다고 생각하는 것과 하나님이 옳다고 생각하시는 것, 둘 중에서 하나님이 옳다고 생각하시는 것이 옳은 것입니다. 이것을 깊이 인정해야 합니다.

남은 몰라도 나는 압니다

그렇다면 우리가 잘못된 길로 갈 때 그것을 알 수 있을까요? 끝까지 가지 않아도 알 수 있지 않을까요? 당연히 알 수 있습니다. 하나님이 알려 주시기 때문입니다. 어떻게 알려 주십니까? 양심을 통해서 알려 주십니다. 자기가 가는 길이 옳은지 그른지는 다른 사람은 몰라도 자기는 압니다. 양심이 증거하기 때문입니다. 옳은 길로 가면 기쁨이 있으나, 그 길을 벗어나면 고통이 따릅니다.

> 마음의 고통은 자기가 알고 마음의 즐거움은 타인이 참여하지 못하느니라
> 잠 14:10

내 마음의 고통은 누가 아나요? 나만 압니다. 내 속의 즐거움도 타인은 참여하지 못합니다. 그러므로 결론을 잘 내려야 합니다. "인생은 외로운 것이니 잘 견뎌야 해" 이런 뜻이 아닙니다. 사람들은 내 마음을 몰라도 하나님은 내 마음을 다 아신다, 그리고 더 중요한 것은 하나님은 우리 마음 깊은 곳에 있는 양심을 통해 깨닫게 하신다는 것입니다.

> 웃을 때에도 마음에 슬픔이 있고 즐거움의 끝에도 근심이 있느니라 잠 14:13

우리는 삶을 겉만 바라봅니다. 그러나 진정한 삶은 겉으로 드러나지 않습니다. 깊은 내면에 있습니다. 겉으로 웃는다고 속도 웃습

니까? 겉으로 웃으면서도 속으로는 얼마든지 울 수 있습니다. 겉으로는 성공한 것 같지만 속으로는 실패한 사람도 많습니다. 겉으로는 악이 승리하는 것 같고, 선이 실패하는 것 같습니다. 악인이 즐거워하는 것 같고 의인이 눈물 흘리는 것 같습니다. 하지만 사실은 그렇지 않습니다. 악은 울게 되고, 선이 웃게 되어 있습니다.

그렇다면 언제 진실로 웃을 수 있습니까? 진리의 편에 서 있을 때입니다. 겉으로는 힘들어 울지만 영혼은 감격하며 웃을 수 있습니다. 인생은 겉모습으로 판단해서는 안 됩니다.

사람은 자기 행위대로 보응을 받습니다("마음이 굽은 자는 자기 행위로 보응이 가득하겠고 선한 사람도 자기의 행위로 그러하리라" 14절). 선한 자도 악한 자도 마찬가지입니다. 심은 대로 거둔다는 것은 진리입니다. 이것이 세상의 원칙입니다. 누군가가 성공한 것 같아 보입니까? 그러나 하나님의 눈으로 볼 때는 얼마든지 실패한 인생일 수 있습니다.

어리석은 자는 온갖 말을 믿습니다("어리석은 자는 온갖 말을 믿으나" 15절). 왜냐하면 자기 속에 진리가 없기 때문입니다. 내 속에 가치 기준이 없으면 이런저런 소리에 귀를 기울이게 됩니다. 마음에 중심이 없고, 심지가 견고하지 못하기 때문에 우왕좌왕합니다. 인간은 목적지를 향해 가는 순례자입니다. 도달해야 할 목표가 있습니다. 목적이 없는 삶은 떠돌이 인생이 되는 것입니다.

악인은 선인 앞에 엎드리고 불의한 자는 의인의 문에 엎드리느니라 잠 14:19

선은 반드시 승리한다는 것을 믿는 사람, 그 사람은 지혜롭고 정직하며 그에게는 남이 모르는 위로와 기쁨과 평화가 주어집니다. 그러나 악은 반드시 패한다는 것을 인정하지 않는 사람은 어리석고 불의하며 겉으로는 웃으나 기쁨이 없고 양심이 그를 정죄합니다.

우리는 선과 악이 공존하는 모호한 세상을 살아갑니다. 사람들은 그 모호한 세상의 겉모습만 보고, 현재의 모습만 봅니다. 그러나 겉이 아닌 깊은 곳, 현재를 넘어 더 멀리 볼 수 있어야 합니다. 선은 반드시 승리합니다. 선을 따라갈 때, 하나님은 우리 양심에 위로와 평강을 주십니다. 그 길을 바로 걸어갈 때 승리하는 삶을 살게 됩니다.

1. 나는 잘 숨겼다고 생각했는데, 드러났던 부끄러운 일들이 있습니까? 왜 드러났을까요?

2. 나에게 주어진 인생의 목적은 무엇인가요? 삶에서 내가 걸어가야 하는 길과 피해야 하는 길은 무엇인가요?

3. 옳은 길로 걸어갈 때, 필요한 것은 무엇일까요?

살아 계신 하나님!

나는 누구이며,

내 인생의 목적지가 어딘지 알게 하소서.

하나님이 계시기에

선은 반드시 승리한다는 것을 굳게 믿고 살게 하소서.

그래서 흔들리지 않게 하시고,

그렇게 살아갈 때, 겉으로는 몰라도

깊은 곳에 하나님의 위로와 평강이 있음을 알게 하소서.

이런 비밀한 기쁨을 누리며 살게 하소서.

20 가난한 자는 이웃에게도 미움을 받게 되나 부요한 자는 친구가 많으니라

21 이웃을 업신여기는 자는 죄를 범하는 자요 빈곤한 자를 불쌍히 여기는 자는 복이 있는 자니라

22 악을 도모하는 자는 잘못 가는 것이 아니냐 선을 도모하는 자에게는 인자와 진리가 있으리라

23 모든 수고에는 이익이 있어도 입술의 말은 궁핍을 이룰 뿐이니라

24 지혜로운 자의 재물은 그의 면류관이요 미련한 자의 소유는 다만 미련한 것이니라

25 진실한 증인은 사람의 생명을 구원하여도 거짓말을 뱉는 사람은 속이느니라

26 여호와를 경외하는 자에게는 견고한 의뢰가 있나니 그 자녀들에게 피난처가 있으리라

27 여호와를 경외하는 것은 생명의 샘이니 사망의 그물에서 벗어나게 하느니라

28 백성이 많은 것은 왕의 영광이요 백성이 적은 것은 주권자의 패망이니라

29 노하기를 더디 하는 자는 크게 명철하여도 마음이 조급한 자는 어리석음을 나타내느니라

30 평온한 마음은 육신의 생명이나 시기는 뼈를 썩게 하느니라

31 가난한 사람을 학대하는 자는 그를 지으신 이를 멸시하는 자요 궁핍한 사람을 불쌍히 여기는 자는 주를 공경하는 자니라

32 악인은 그의 환난에 엎드러져도 의인은 그의 죽음에도 소망이 있느니라

33 지혜는 명철한 자의 마음에 머물거니와 미련한 자의 속에 있는 것은 나타나느니라

34 공의는 나라를 영화롭게 하고 죄는 백성을 욕되게 하느니라

35 슬기롭게 행하는 신하는 왕에게 은총을 입고 욕을 끼치는 신하는 그의 진노를 당하느니라

5 _____

**재물과
인격**

돈이란 무엇입니까

옛날 그리스의 어떤 왕이 황금을 무척 좋아해서 자신이 섬기는 디오니소스 신을 찾아가서 빌었습니다.

"내 손이 닿는 것은 무엇이든지 황금으로 변하게 해주소서."

왕의 소원이 너무 간절해서 디오니소스는 소원을 들어주었습니다. 아침에 일어나서 침대를 만지자 침대가 황금으로 변했습니다. 정원에 나가 꽃을 만지자 황금이 되었습니다. 왕은 너무나 기뻤습니다.

'이제 나는 세상에서 가장 큰 부자가 되었구나.'

그런데 음식을 먹으려고 손을 대는 순간, 황금으로 변했습니다. 아무것도 자기 손으로 먹을 수 없게 되자 당황해하는 그에게 사랑하는 딸이 달려와서 안겼습니다. 안아 주려고 손을 대는 순간, 딸이 황금으로 변했습니다. 그는 울부짖었습니다.

"제 딸을 돌려주세요!"

왕은 자기 손이 닿는 것마다 황금으로 변하는 것이 복이 아니라

71

부 당신의 인격은 안녕한가요?

는 것을 알게 되었습니다. 그래서 눈물을 흘리며 참회를 했습니다.

"제가 어리석었습니다. 탐욕에 눈이 어두워 잘못된 소원을 빌었습니다. 모든 황금을 다 가져가도 좋으니 제 능력을 거두어 주소서."

디오니소스는 대답했습니다.

"강에 가서 네 손을 씻어라."

왕은 손을 씻고 다시 이전으로 돌아왔습니다. 미다스왕의 이야기입니다.

이 신화는 욕심을 부리지 말라고 교훈하고 있습니다. 하지만 '미다스의 손'은 요즘 사람들에게 아주 긍정적인 이미지로 변했습니다. 하는 일마다 성공하는 사람을 일컫는 멋진 용어로 변질된 것입니다. 사람들은 이처럼 재물을 좋아합니다.

영국 런던신문사에서 '돈이란 무엇인가?'에 대한 정의를 가장 잘 내린 사람에게 1천 파운드의 상금을 주겠다고 했습니다. 1등은 누구였을까요? 경제인이 아니라 신문 돌리는 소년이었습니다. 그 소년이 내린 돈의 정의는 이렇습니다.

"돈이란 천국 이외의 어디든지 갈 수 있는 티켓이며, 행복 이외의 모든 것을 살 수 있는 공급자다!"

기가 막힌 정의입니다. 돈, 대단한 것입니다. 그러나 돈으로 천국에 갈 수 없고, 행복도 살 수 없습니다. 우리는 황금만능이란 말을 많이 듣지만 거짓말입니다. 그것은 사탄의 가르침입니다. 세상에서 정말 가치 있는 것은 돈으로 살 수 없습니다. 이것을 깨닫지 못하고 돈이면 다 된다고 생각하는 사람들 때문에 세상이 이렇게 어지럽습

인생 잠언

니다.

사람은 언젠가 돈의 한계를 깨닫게 됩니다. 그때가 다를 뿐입니다. 한평생 깨닫지 못하고 살다가 죽는 날이 되어서야 '돈은 아무것도 아니구나' 깨닫는다면 안타까운 일입니다. 돈의 가치, 돈의 한계를 하루라도 빨리 깨달아야 좀 더 인간답게 살 수 있습니다.

재물이란 무엇일까요? 재물과 신앙, 재물과 인격은 어떤 관계일까요? 쉽게 말하면, 우리는 돈과 어떤 관계를 맺고 살아야 할까요?

먼저 알아야 할 것은, 물질을 창조하신 하나님은 재물을 죄악시하지 않으십니다. 그러므로 금욕주의는 성경적으로 잘못된 것입니다. 그러나 하나님 대신 돈이 마음의 중심을 차지하는 것을 성경은 죄로 여깁니다. 시편 49편을 요약하면 이렇습니다.

'존귀한 인생과 짐승 같은 인생이 있다. 짐승 같은 인생이란 자기 재물을 의지하고 부유함을 자랑하는 사람이다. 존귀한 인생이란 돈을 가졌으나 교만하지 않고, 하나님을 의지하며 열심히 일하면서, 주신 재물을 하나님의 뜻에 합당하게 사용하는 사람이다.'

당신의 재물관은 어떻습니까? 나의 물질관이 올바른지 측정하는 기준 세 가지가 있습니다.

가난한 자를 차별하십니까

첫째는 '가난한 자에 대한 태도'입니다. 가난한 사람을 차별하지 않는 것입니다.

가난한 자는 이웃에게도 미움을 받게 되나 잠14:20

많은 사람이 가난한 사람을 부담스러워하고 멀리합니다. 왜 부담스러울까요? 양심이 도와주어야 한다는 도덕적인 채무의식을 자극하기 때문입니다. 그것이 부담스러워 외면하는 것입니다. 인사만 해도 '또 무슨 아쉬운 소리를 하러 왔나?' 경계합니다. 그래서 가난한 사람은 보이지 않게 소외됩니다. 그에 반해 부자는 친구가 많습니다. 사람들이 부자를 좋아하기 때문입니다. 그러나 깊이 살펴보면 부자는 고독합니다. 친구의 진심을 알 수가 없기 때문입니다. 친구라고 다 친구일까요? 아닙니다. 우리는 어떤 친구가 되어야 할까요? 탈무드는 "가난한 자의 친구가 되어 주라"고 합니다.

성경은 "이웃을 업신여기는 자는 죄를 범하는 자요"(21상절)라고 말씀합니다. 돈이 없으면 무시하고, 돈이 많으면 존경하고, 사람을 소유에 따라 구분하는 것은 죄악입니다. 반면에 "빈곤한 자를 불쌍히 여기는 자는 복이 있는 자니라"(21하절)고 합니다. 마태복음 25장에서 주님은 말씀하십니다.

"내가 주릴 때에 너희가 먹을 것을 주었고 목마를 때에 마시게 하였고 나그네 되었을 때에 영접하였고 헐벗었을 때에 옷을 입혔고 병 들었을 때에 돌보았고 옥에 갇혔을 때에 와서 보았느니라."

"우리가 언제 그런 일을 했습니까?"

"지극히 작은 자 하나에게 한 것이 곧 내게 한 것이니라."

가난한 자에게 한 것을 주님에게 한 것으로 받아 주신다는 것입니다. 빈곤한 자를 불쌍히 여기는 것은 복이 됩니다.

베푸는 마음이 있습니까

둘째는 '베푸는 마음'입니다. 많은 사람이 "악을 도모"합니다(22상절). 베푸는 마음과 정반대의 마음으로 살아가는 것입니다. 남의 것에 욕심을 내고, 다른 사람의 것을 빼앗으려 합니다. '어떻게 하면 베풀 수 있을까?' '어떻게 하면 서로에게 유익할까?' 이렇게 생각하는 것이 마땅합니다. 이것이 선을 도모하는 자세입니다. 그럴 때 "인자와 진리가 있으리라"(22하절)란 말씀처럼 상대방에게 인자하게 대하고, 진실한 자세를 가지게 됩니다. 그런데 어떻게 하면 '사람을 이용할 수 있을까?' '넘어지게 할 수 있을까?'라고 악을 도모하고 있다면 이미 잘못 가고 있는 것입니다.

23절의 "모든 수고에는 이익이 있어도 입술의 말은 궁핍을 이룰 뿐이니라"는 말은, 입으로만 베풀겠다고 떠들면 소용이 없음을 얘기하고 있습니다. 대개는 돕겠다고 하지만 말뿐입니다. 이렇게 해서는 아무 변화도 일어나지 않습니다. 행동으로 옮겨야 합니다.

24절의 "지혜로운 자의 재물"이란 무엇일까요? 돈이라고 해서 다 같은 돈이 아닙니다. 지혜로운 자의 재물과 미련한 자의 소유가 있습니다. 하나님을 인정하는 사람, 고난을 통하여 믿음이 견고해진 사람, 겸손해진 사람의 재물은 자기에게도 유익하고 다른 사람에게도 축복이 됩니다. 재물은 기회이며 능력입니다. 잘 쓰면 자신과 남에게 모두 유익합니다. 그럴 때 재물은 면류관이 됩니다.

반면에 미련한 사람의 소유는 미련함을 드러낼 뿐입니다. 돈이 없으면 아무 일도 못 하다가 돈이 있으면 사치하고 방탕한 곳에 사용합니다. 그 사람이 돈을 어디에 사용하는가를 보면 그가 어떤 사람인지 알 수 있습니다. 미련한 사람은 돈을 가지고 자기의 미련함을 드러낼 뿐입니다.

돈은 우리가 어떤 사람인가를 나타내는 가장 정확한 저울입니다. 돈지갑이 그 사람의 인격입니다. 돈 때문에 면류관을 받기도 하고, 돈 때문에 심판을 받기도 하는 것입니다.

더 나아가서 돈 때문에 진실을 외면하는 경우도 많습니다. 25절에서 "진실한 증인은 사람의 생명을 구원하여도 거짓말을 뱉는 사람은 속이느니라"고 했습니다. 증인이 어떻게 하느냐에 따라 사람이 살기도 하고 죽기도 합니다. 잘못된 증인이 있으면 진실이 밝혀지지 않습니다.

"우리가 원하는 방향으로 이러저러하게 말해 주면 뒤를 잘 봐주겠다" 해도 증인이 "아닌 것은 아니다"라고 바로 서 있으면 더 이상 망가지지 않습니다. 그러나 아무리 법과 제도가 잘되어 있어도 증인이 바로 서지 못하면 다 무너집니다. 그러므로 돈 앞에서도 정직한 증인이 되어야 합니다.

돈을 믿고 살지 않으려면 어떻게 해야 할까요? 여호와를 믿고 경외해야 합니다("여호와를 경외하는 자에게는 견고한 의뢰가 있나니 그 자녀들에게 피난처가 있으리라" 26절). 그리고 그것을 자식에게 가르쳐야 합니다. 우리는 자녀들에게 돈을 주면 그들의 인생이 안전할 것이라고 생각합니다. 그러나 아닙니다. 하나님은 방패이고 피난처이십니다. 인생의 위협에서 우리를 건지는 것은 돈이 아니라 하나님이십니다. 여호와를 경외하는 것이야말로 가장 중요한 자산입니다. 자녀들에게 이것을 물려주어야 합니다. 자녀들이 직접 하나님을 알기는 어렵습니다. 그러나 부모의 신앙을 본 대로 따라 할 것입니다.

전에 동대문 시장에서 불이 나서 심방을 갔습니다. 예수를 믿는 형님과 안 믿는 동생이 동업을 하는데, 형은 눈에 눈물이 그렁그렁한데도 조용히 찬송을 불렀습니다. 잘 들어 보니 "태산을 넘어 험곡에 가도"라는 찬송이었습니다. 반면에 동생은 "나는 망했네!" 소리를 지르며 통곡했습니다. 물론 법적인 문제가 잘 해결되어 거의 복구가 되었습니다만, 저는 똑같은 사건 앞에서 한 사람은 찬송을 부르고, 한 사람은 비명을 지르는 것을 시장 한복판에서 보았습니다.

인생이란 하나님 나라를 향하여 걸어가는 순례입니다. 여호와를 의뢰하면 하나님께서 직접 우리의 방패와 피난처가 되어 주십니다. 오늘도 여호와를 경외하는 마음, 그 믿음으로 이 광야 길을 걸어가야 합니다. 그뿐만 아닙니다.

여호와를 경외하는 것은 생명의 샘이니 사망의 그물에서 벗어나게 하느니라 잠 14:27

너무나 멋진 말씀입니다. 여호와를 경외하면 우리 속에 생명의 샘, 즉 결코 마르지 않는 생명의 샘이 솟아난다는 것입니다. 이 광야 같은 세상을 살아갈 때, 가장 절실한 것은 생명의 샘물입니다. 이 샘물을 어디서 발견할 수 있을까요? 여호와를 경외하는 것에서입니다. 여호와를 경외할 때, 세상을 살면서도 생명력이 솟아나고, 더 나아가서 영원한 생명도 얻을 수 있습니다.

많은 사람이 여호와를 경외하는 것이 힘들고 어렵다고 말합니다. 하지만 여호와를 경외하는 것은 너무나 큰 은혜이고 과분한 축복입니다. 그 사람은 자기 속에 영원히 마르지 않는 생명의 샘을 가진 사람이 됩니다. 예수님도 "나를 믿는 자는…그 배에서 생수의 강이 흘러나오리라"(요 7:38)고 말씀하셨습니다. 하나님을 인정하고 살 때 우리 속에는 마르지 않는 샘이 하나씩 생기게 됩니다.

당신 속에 이런 샘이 있나요? 외부의 조건에 따라 흔들리지 않고, 언제나 솟아나는 샘물이 있으면 영혼이 목마르지 않습니다. 영적인 위로와 기쁨이 샘솟게 됩니다. 이스라엘이 광야를 행진할 때 주님이 생수가 되시어 그들을 따라다녔던 것처럼, 그 은총의 샘물이 여호와를 경외하는 자를 따라다니는 것입니다.

돈 때문에 염려하십니까

셋째는 '돈 때문에 염려에 빠지는가'입니다. 돈 때문에 갈등이 생기고 싸우고 분노하는 일이 참으로 많습니다. 하지만 주시는 이도 여호와요, 취하시는 이도 여호와입니다. 주실 때가 있고 거둘 때가 있습니다. 손해 본 것은 잊어버려야 합니다("노하기를 더디 하는 자는 크게 명철하여도 마음이 조급한 자는 어리석음을 나타내느니라" 29절).

또 남이 잘사는 것을 시기하고 질투하면 안 됩니다. 주눅 들어서도 안 됩니다. 평온한 마음은 이런 외부의 타격에 의하여 깨어지지 않는 마음입니다. 세상의 가치관이 수없이 우리의 마음을 공격합니다. 그때마다 깨어지면 어떻게 합니까? 그러면 뼈가 썩어 버립니다 ("평온한 마음은 육신의 생명이나 시기는 뼈를 썩게 하느니라" 30절). 내 몸에서 가장 강한 것이 뼈인데, 시기와 질투가 이것을 썩게 만듭니다.

그럼 어떻게 해야 염려하지 않을 수 있을까요? 돈을 바라보지 말고, 하나님을 바라보아야 합니다. 하나님을 바라볼 때, 찬양을 부를 때, 기도할 때, 하나님의 말씀을 읽을 때, 하나님은 우리에게 평안을 주십니다. "내가 너를 사랑한다. 내가 너를 안다. 내가 이 문제를 해결할 것이다" 이런 말씀 한마디만 있으면 어떤 상황도 헤쳐 갈 수 있습니다. 그러나 하나님을 바라보지 않으면, 사람만 바라보면, 돈만 바라보고 그 사람과 나를 비교하고 분노하면, 결국 죽고 맙니다. 하나님을 바라보면, 죽게 된 상황에서도 소망을 가질 수 있습니다 ("악인은 그의 환난에 엎드러져도 의인은 그의 죽음에도 소망이 있느니라" 32절).

"슬기롭게 행하는" 자는 하나님의 은총을 입습니다(35절). 슬기롭다는 것은 여호와를 경외하는 것이고, 가난한 사람을 무시하지 않는 것이고, 돈을 믿고 살지 않는 것이고, 하나님을 믿고 사는 것입니다. 그럴 때 우리는 하나님께 은총을 받습니다. 돈 때문에 하나님의 영광을 가려서는 안 됩니다.

종교개혁가 칼뱅(John Calvin)은 이렇게 말했습니다.

"인간의 마음 깊은 곳에는 거룩한 공간이 있는데 이곳에는 하나님 외에 다른 것이 들어올 수 없다. 하나님이 마음의 중심에서 쫓겨나면 물질이 그곳으로 들어온다. 마음을 물질이 점령해 버리면 하나님이 더 이상 우리 마음의 주인이 아니시므로 본질적으로 마음의 평화를 누릴 수 없고, 마음속에는 소유하려는, 항상 더 소유하려는 타락한 인간의 욕심이 뿌리를 내리게 된다. 이런 사람의 유일한 희망은 더 많이 소유하는 데 있다. 이것을 탐욕이라고 부른다. 탐욕이 마음을 지배하고 있는 곳에서는 하나님의 권위가 사라진다."

최근 한국 사람들이 가장 많이 느끼는 감정이 '모멸감'이라는 조사 결과가 있습니다. 모멸감이란 내 가치가 상대방에 의해 무시되고 박탈당할 때 느끼는 슬픈 감정입니다. 언제 모멸감을 느낄까요? 존재가 아니라 소유로 평가받을 때입니다. 사람은 소유에 의해서가 아니라 존재 자체로 가치가 있습니다.

그러면 모멸감을 어디서 느낄까요? 맨 먼저 가정입니다. 많은 자녀가 부모를 평가하는 기준이 '돈'입니다. 부모의 능력을 돈에 두기 때문에, 돈이 없으면 자녀에게 무시를 당합니다. 그래서 한평생 자녀를 위해 헌신하고도 자식으로부터 모멸감을 느끼는 부모가 많다고 합니다. 아내들도 남편이 젊고 돈 잘 벌고 좋은 직장 다닐 때는 좋다고 하다가 은퇴하고 나이가 들면 무시합니다. 그래서 아내 때문에 모멸감을 느끼는 남편들이 많다고 합니다. 형제들이 모여도 순서는 중요하지 않습니다. 돈이 힘을 결정합니다.

그리스도인은 이런 세상의 흐름을 따라가선 안 됩니다. 사람은 하나님의 형상으로 지어졌습니다. 그리스도께서는 사람을 위해 죽으셨습니다. 그렇게 소중한 사람을 소유로 판단하고 차별해서는 안 됩니다.

> 가난한 사람을 학대하는 자는 그를 지으신 이를 멸시하는 자요 궁핍한 사
> 람을 불쌍히 여기는 자는 주를 공경하는 자니라 잠 14:31

이 세상에 살면서 돈이 없으면 안 되지만 돈 때문에 사람을 차별해선 안 됩니다. 하나님을 믿고, 돈을 의지하지 않으며, 가난한 자를 무시하지 않는 것이 우리의 신앙이며 인격입니다. 그렇게 빈부를 극복하는 인격을 가지고 살아가는 성도가 되어야 할 것입니다.

1. 재물을 대하는 세 가지 기준은 무엇입니까? 그중에서 나에게
   부족한 기준은 무엇인가요?

2. 돈 때문에 근심하고 있다면, 어떻게 해야 할까요?

3. 재물과 인격은 어떤 관계입니까?

함께
기도하기

살아 계신 하나님!
하나님이 주신 물질에 마음을 빼앗겨
그것을 하나님보다 더 의지하고 사랑하며
그 때문에 사람을 차별하는
어리석은 사람이 되지 않게 하소서.
돈과 신앙, 돈과 인격이 직결되어 있음을 알게 하시고,
올바른 신앙과 인격을 가지고 돈을 사용하고
사람들을 대하게 하소서.

잠 15:1-10

1   유순한 대답은 분노를 쉬게 하여도 과격한 말은 노를 격동하
    느니라
2   지혜 있는 자의 혀는 지식을 선히 베풀고 미련한 자의 입은
    미련한 것을 쏟느니라
3   여호와의 눈은 어디서든지 악인과 선인을 감찰하시느니라
4   온순한 혀는 곧 생명 나무이지만 패역한 혀는 마음을 상하게
    하느니라
5   아비의 훈계를 업신여기는 자는 미련한 자요 경계를 받는 자
    는 슬기를 얻을 자니라
6   의인의 집에는 많은 보물이 있어도 악인의 소득은 고통이 되
    느니라
7   지혜로운 자의 입술은 지식을 전파하여도 미련한 자의 마음
    은 정함이 없느니라
8   악인의 제사는 여호와께서 미워하셔도 정직한 자의 기도는
    그가 기뻐하시느니라
9   악인의 길은 여호와께서 미워하셔도 공의를 따라가는 자는
    그가 사랑하시느니라
10 도를 배반하는 자는 엄한 징계를 받을 것이요 견책을 싫어하
    는 자는 죽을 것이니라

6

유순한 대답은
상처를 치유합니다

부드러운 대답

에이브러헴 링컨(Abraham Lincoln)이 미국 대통령에 당선된 후에 상원을 방문하게 되었습니다. 상원의원들은 전통적으로 학벌이 좋고, 부자이고, 명문가 출신들입니다. 그들이 볼 때 링컨은 공부도 많이 못 했고, 가정도 빈천했습니다. 그래서 링컨이 대통령이 된 것을 아주 못마땅하게 생각했습니다. 이렇게 말한 사람도 있었습니다.

"당신같이 배우지 못한 사람이 대통령이 되었으니 이 나라의 수치입니다."

어떤 상원의원은 신고 있던 구두를 벗어 들고서 "이것이 당신 아버지가 만든 구두요. 구두장이 아들이 대통령이 되었으니, 원" 하면서 혀를 차기도 했습니다. 링컨은 그 소리를 가만히 듣고 나서 이렇게 말했습니다.

"대단히 감사합니다. 제가 바빠서 아버지를 많이 생각하지 못했는데, 오늘 아버지를 생각나게 해주셔서 감사합니다. 제 아버지는 훌륭하신 분입니다. 정직하셨고, 솜씨 좋은 분이었습니다. 그리고 신앙적으로 경건한 분이었습니다. 그런데 정확하게는 구두를 만드는 분이 아니라 구두를 수선하는 분이었습니다. 그러나 나는 내 아버지를 존경합니다. 당신의 구두가 고장나면 나에게 가져오세요. 내가 아버지께 어깨너머로 배운 기술이 있으니 고쳐 드리겠습니다."

그 말에 소란하던 상원이 조용하고 엄숙해졌다고 합니다. 그리고 다시는 링컨을 비난하지 않았습니다. 링컨 대통령은 상대방의 분노를 부드러운 대답으로 가라앉혔습니다. 더 나아가 그들의 마음을 얻었습니다. 이것이 말의 위력입니다.

'말이란 무엇일까요?' '어떤 말을 해야 할까요?' '제대로 말했을 때 그 결과는 무엇일까요?' 이번 장에서 살펴볼 주제들입니다.

언어의 기능

먼저 말이란 무엇일까요? 말이란 존재와 존재를 이어 주는 도구입니다. 사람은 혼자 살지 않습니다. 더불어 살아갑니다. 서로의 관계를 이어 주는 것이 뭘까요? 말입니다. 사람과 사람을 이어 주는 것만이 아닙니다. 하나님과 우리를 이어 주는 것도 말입니다. 하나님의 말씀을 통해 우리와 하나님이 연결됩니다. 하나님의 말씀을 받아들일 때 하나님의 자녀가 됩니다.

사람들은 말을 통해 자기를 보여 줍니다. 세상을 향해 자기를 개방합니다. 듣는 사람은 그 말을 들으면서 상대방을 이해하고, 수용합니다. 그 결과 두 존재는 만나게 되고, 이어지게 됩니다.

말이란 이렇게 중요한데 말이라고 해서 다 말일까요? 아닙니다. 엉터리 대화도 있습니다. "나는 너를 반드시 변화시킬 것이다" "나는 네 말을 절대로 받아들이지 않을 거야" 같은 경우입니다. 왜냐하면 대화란 다른 사람이 내 경계선을 넘어오는 것을 환영하고, 그 사람에 의해 내가 변할 가능성에 직면하는 것입니다. 낯선 사람을 내가 받아들이겠다는 개방성을 전제로 할 때 대화가 이뤄집니다. 하지만 엉터리 대화는 이 전제를 깨뜨립니다. 그래서 이런 대화는 대화가 아니라 독백으로 끝나 버립니다.

대화를 제대로 할 때 인간관계가 이어지고, 우리 삶이 풍요로워집니다. 어떻게 말하는가에 따라 관계가 이어질 수도 있고, 깨질 수도 있습니다.

그런데 갈수록 사람들의 말이 거칠어집니다. 그리고 짧아집니다. 정상적인 문장이 아니라 토막말도 많습니다. 그리고 자극적이고 격한 말, 쌍소리도 많아집니다. 언어의 변천사를 보면 옛날에는 문장이 길었습니다. 셰익스피어의 글을 보면 몇 페이지에 걸쳐서 마침표가 없는 경우가 많습니다. 우리나라 옛날 소설을 봐도 문장이 아주 깁니다. 그러나 현대로 올수록 짧아집니다. 삶의 박자가 빨라지고 분주해지기 때문이지만, 더 중요한 것은 마음이 황폐해지기 때문입니다.

왜 우리의 말이 거칠어질까요? 폭력학에 따르면 폭력도 깊은 의미에서는 접촉과 교제에 대한 갈망입니다. 비록 잘못된 형태이기는 하지만 접촉의 욕구가 폭력으로 나타나는 것입니다. 그러므로 폭력이란 고독한 자의 절규이고, 대화가 끊긴 자의 세상을 향한 접촉 욕구입니다. "나도 인간이다! 나도 여기 살아 있다!" 이런 외침이 대화로 이어지지 않고 상대방에 의하여 수용되지 않을 때, 폭력이 나타나는 것입니다. 폭력이라고 하면 주먹으로 사람을 때리는 것만 생각하는데 아닙니다. 가장 많은 폭력은 언어폭력입니다.

탈무드에는 이런 말이 나옵니다.

"나무나 돌이나 칼에 맞은 몸의 상처는 쉽게 나을 수 있지만 말로 받은 상처는 쉽게 낫지 않는다. 또한 세상에서 칼과 창에 죽은 사람이 많지만, 독설에 죽은 사람과는 비길 바가 못된다."

쌍소리는 학문적으로 분노의 표출입니다. 마음속에 맺힌 한과 분노가 말로 분출되는 것입니다. 그래서 많은 사람들의 언어 속에 분노가 있습니다.

유순한 대답의 능력

분노가 가득한 세상, 거친 말이 난무하는 세상에서 우리는 어떻게 해야 할까요? 유순한 대답을 해야 합니다("유순한 대답은 분노를 쉬게 하여도 과격한 말은 노를 격동하느니라" 1절). 유순한 대답은 부드러운 대답을 말합니다. 유순한 대답은 남자답지 못하다, 능력이 없다고 생각하는데, 아닙니다. 굉장한 능력입니다. 분노를 쉬게 합니다. 돌아가게 한다는 것입니다. 유순한 대답을 할 때, 나를 향해 오던 분노가 방향을 바꿔 돌아갑니다. 우리 모두는 한성질 합니다. 과격한 말을 들으면 과격한 말로 멋지게 받아쳐야만 직성이 풀립니다. 그러나 과격한 언어는 힘 있는 것 같지만, 사실은 노를 격동시켜 대화의 목적을 이루지 못합니다.

상대방이 아주 과격하게 나를 공격할 때 맨 먼저 생각할 것은 유순한 대답을 해야 한다는 것입니다. 그러면 분노를 쉬게 합니다. 그렇게 해놓고 얼마든지 풀어 갈 수 있습니다.

어느 목사님이 "유순한 대답을 해야 하는데 생각이 나지 않을 때는 어떻게 해야 할까요?"라고 물어서 다음과 같이 대답해 줬습니다.

"일단 '그러게 말이에요'라고 말하면서 다음 말을 생각하면 됩니다. 예를 들면 '너는 왜 그 모양이냐? 약속도 안 지키고' 그러면 '너는 잘 지켰냐?' 이렇게 받아치지 말고 '그러게 말이에요. 지키려고 했는데 죄송하게 됐습니다' 이러면 분노를 쉬게 합니다. '너는 왜 결혼도 안 하고 혼자 그렇게 돌아다니느냐?' 그러면 '그렇다고 나한테 좋은 사람이라도 소개시켜 준 적 있어요?' 이렇게 말하지 말고 '그러게 말이에요. 저도 혼자 있고 싶지 않은데 그렇게 되었네요' 그러면 분노를 쉬게 할 수 있습니다. 아주 유용합니다."

그런데 어떤 사람이 유순한 대답을 할까요? 지혜로운 사람이 할 수 있습니다("지혜 있는 자의 혀는 지식을 선히 베풀고" 2절). 아무나 할 수 있는 것이 아닙니다. 지혜로운 사람은 유순한 대답을 통해 문제를 잘 풀어 갑니다. 그러나 미련한 사람은 그 입의 말로 인해 문제를 더 꼬이게 만듭니다.

유순한 대답을 왜 해야 할까요? 왜 지혜로운 말을 해야 할까요?

단순히 예의범절을 위해서입니까? 내 삶을 편하게 만들기 위해서요? 아닙니다. 하나님이 나를 감찰하시기 때문입니다("여호와의 눈은 어디서든지 악인과 선인을 감찰하시느니라" 3절). 어떤 마음으로 바라보실까요? 기대하는 마음으로 바라보십니다. '아무개가 저런 상황에서 어떻게 말하는가 보자' 그 말을 통해 갈등이 사라지고, 관계가 회복되고, 하나님 나라가 세워지고, 하나님이 영광받기를 기대하신다는 말입니다. 그래서 우리는 유순하고 지혜로운 말을 해야 합니다.

유순한 대답을 하면 손해를 볼까요? 아닙니다. 하나님이 아는데 왜 손해를 보겠습니까? 절대로 밑지지 않습니다. 하나님은 부드럽게 말하는 자에게 승리를 주십니다.

여호와의 눈은 어떤 역할을 하지요? 그냥 바라만 보실까요? 하나님이 나를 보고 계시기 때문에, 하나님을 향한 믿음 때문에, 화가 나지만 참고 견딜 때 하나님은 능력을 주십니다. 참아 낼 능력을 주시고, 그것을 넘어서 문제를 아름답게 바꿀 능력을 주십니다. 화나는 순간에 믿음을 가지고 화내지 않고 참는다는 것은 굉장한 능력입니다.

여호와의 눈을 의식하고 하나님 때문에 말을 조심하면, 우리 삶속에서 많은 분쟁과 갈등과 사고를 예방하게 됩니다. 더 나아가 우리를 통해 하나님 나라가 세워집니다. 우리는 말로 하나님 나라를 세울 수도 있고, 무너뜨릴 수도 있습니다.

살릴 수도 죽일 수도

우리가 하나님을 바라보며 유순한 대답을 할 때 그 결과는 무엇일까요?

> 온순한 혀는 곧 생명 나무이지만 패역한 혀는 마음을 상하게 하느니라
> 잠 15:4

온순한 혀는 '생명 나무'입니다. 온순하다는 것은 히브리어로 '라파'인데, '치료한다'는 뜻입니다. '여호와 라파', 치료하시는 하나님을 뜻합니다. 우리의 말이 사람을 치료하고 고칩니다. 의사만 고치는 것이 아니고, 약으로만 치료되는 것이 아닙니다. 온순한 혀가, 부드러운 말이 상처를 치료하고 회복시킵니다. 위로와 소망의 말을 들으면 죽게 된 사람도 살아납니다. 온유하고 선량한 말은 상처를 싸매는 회복의 능력이 있고, 마음을 치료하며, 죽게 된 사람도 살립니다. 우리의 입에는 사람을 죽이는 독도 있고, 사람을 살리는 약도 있습니다. 온순한 혀는 아주 위대한 약으로 사용될 수 있습니다.

미국 테네시주에 '루이스빌'이란 도시가 있습니다. 그 도시의 한 레스토랑에서 어떤 부부가 식사를 하는데, 나이가 많은 노인이 다가와서 "이 동네에서 있었던 유명한 얘기를 해드릴까요?" 해서 그러라고 했습니다.

"저기 보이는 산 밑에 작은 동네가 있습니다. 오래전 그 동네의 한 미혼모가 사내 아기를 낳았는데, 아버지가 누군지 말하지 않았

습니다. 그 아이가 자라면서 동네 사람들은 '얘, 네 아버지가 누구냐?' 수없이 물었습니다. 그럴 때마다 아이는 힘들어했고, 사람들을 피했습니다. 그 아이가 열두 살이 되었을 때, 교회에 젊은 목사님이 부임해 오셨습니다. 그 아이가 어른 예배에 참석해서 예배를 드렸는데, 예배 후에 목사님이 성도들과 인사를 나누다가 그 아이를 보고 말했습니다. '얘야, 네 아버지가 누구시냐?' 그 순간, 사람들이 당혹스러워하며 그 소년을 바라보았습니다. 분위기를 알아챈 목사님은 재빨리 이렇게 말했습니다. '아, 알겠다. 나는 네 아버지를 알고 있어.' 사람들이 긴장해서 목사님을 주목했습니다. 그러자 목사님은 이렇게 말했습니다. '네 아버지는 하나님이시다. 하나님이 너를 이 땅에 보내셨지. 너는 하나님의 아들이야. 그러니까 하나님 아들답게 살아야 한다. 알았지?' 그 말로 인해 소년의 상처가 치료되기 시작했습니다. 그 아이는 건강한 자아상을 가지고 열심히 공부했고, 아주 훌륭한 사람이 되었습니다. 바로 테네시주의 주지사였던 벤 후퍼(Ben Hooper)입니다."

말 한마디가 한 소년의 인생을 완전히 바꾸어 놓았습니다.

그러나 패역한 혀는 마음을 상하게 하고 상처를 줍니다. 상처를 주면 함께할 수가 없습니다. 상처를 주면 가족도 같이 있지 못하는데, 어떻게 구역원이 붙어 있겠습니까? 선교회가 활성화되겠습니까? 교인들이 버티겠어요? 말로 상처를 주면 안 됩니다. 좋은 교회를 만들려면 말조심해야 합니다.

지혜로운 말을 하고 싶다면

문제는 어떻게 하면 유순한 대답과 지혜로운 말을 하고 온순한 혀가 될 수 있는가입니다.

> 아비의 훈계를 업신여기는 자는 미련한 자요 경계를 받는 자는 슬기를 얻을 자니라 잠 15:5

훈계를 받고 경계도 받아야 합니다. 배워야 합니다. 잘못 말했을 때는 '그렇게 말하지 않았어야 하는데' 하며 계속 배우고, 결심하며, 훈련해야 합니다. 말에 대해 계속 듣고 배우고 힘쓰다 보면, 지혜로운 입술이 되는 것입니다. 이렇게 배우지 않고 그대로 계속 과격한 말을 하면 어떻게 될까요?

> 악인의 제사는 여호와께서 미워하셔도 정직한 자의 기도는 그가 기뻐하시느니라 잠 15:8

악인의 제사가 무엇일까요? 제사는 하나님께 내 마음을 드리는 것입니다. 그런데 마음을 드리는 것이 아니라 제물만 드린다면 그것은 하나님의 마음을 조종하기 위한 행위에 불과합니다. 인위적인 노력으로 하나님의 마음을 사려고 드는 것입니다. 이것을 사람에게 적용하면 악인의 제사는 물질로 상대의 마음을 바꾸려는 시도를 의미합니다. 사람에게 상처를 주고 그것을 물질로 해결하려는 것을 말합니다. 아내와 자녀에게 화를 내고 상처를 주어 죽고 싶은 마음이 들게 만들어 놓고는 미안하니까 옷 사주고, 외식시켜 주고, 장난감을 사주는 것입니다. 이런 행위를 하나님께서는 미워하십니다.

그렇다면 상대가 잘못했어도 무조건 오냐오냐 잘했다고 칭찬하라는 말일까요? 아닙니다. 징계와 견책이 필요합니다. 꾸중도 해야 합니다("도를 배반하는 자는 엄한 징계를 받을 것이요 견책을 싫어하는 자는 죽을 것이니라" 10절). 그러나 사랑으로, 가슴으로 해야 합니다. 그래야 교훈을 받으면서도 상처가 되지 않습니다.

누가 유순한 대답을 하고, 지혜로운 말을 하며, 온순한 혀가 될 수 있을까요? 누가 칼같이 뾰족한 마음을 솜처럼 부드러운 말로 막아 낼 수 있을까요? "공의를 따라가는 자"입니다(9절). 하나님을 믿는 사람이 먼저 해야 합니다. 예수님은 "너희가 너희를 사랑하는 자를 사랑하면 무슨 상이 있으리요 세리도 이같이 아니하느냐"(마 5:46)라고 말씀하셨습니다. 그리스도인이 세상 사람과 같을 수는 없지요. 성령의 감동을 힘입고 그 능력을 의지하는 자만이 유순한 대답을 할 수 있는 것입니다.

교육 심리학자 벤저민 블룸(Benjamin Bloom)은 사람들의 환경을 크게 둘로 나누었습니다. 하나는 물질적 환경이고, 다른 하나는 언어 환경입니다. 물질적 환경이란 어떤 동네에 살고, 어떤 집을 소유했는지, 무엇을 먹고 어떤 편의시설을 갖추고 사는지입니다. 언어 환경이란 그 사람이 어떤 말을 주고받으며, 얼마나 친절하고 아름다운 말을 하며 사는지입니다.

이 두 환경 중에서 어느 것이 중요할까요? 물질적 환경도 중요합니다. 그러나 행복을 위해서는 언어 환경이 훨씬 중요합니다. 이것은 자녀들의 지능발달을 위해서도 절대적입니다. 요즘 좋은 환경, 공기 좋은 곳을 많이 찾는데, 그보다 더 중요한 것이 언어 환경입니다. 더 좋은 언어 환경을 만들어야 합니다.

하나님 앞에서 말한다면

이제 우리는 결심해야 합니다. '내가 유순한 대답을 하겠다. 지혜로운 말을 하겠다. 왜냐하면 여호와의 눈이 나를 감찰하시기 때문에, 하나님이 나를 보고 계시기 때문에, 갚아 주실 것이니까. 내 감정과 의지를 내려놓고 하나님이 주시는 말을 해보리라.' 그럼 어떤 일이 일어날까요? 치료가 일어납니다. 상처와 아픔이 가시고 생명의 열매가 맺힙니다.

요즘 전도가 안 된다고 합니다. 맞습니다. 그렇다면 그 이유가 무엇일까요? 신앙인들이 하나님이 나를 바라보고 계신다는 사실을 잊고 살기 때문입니다. 하나님 앞에서 말하지 않기 때문입니다. 유순한 대답, 지혜로운 말을 하지 않기 때문입니다. 하나님을 의식하면서 말하다 보면 유순한 대답을 하게 되고, 지혜로운 말을 하게 되고, 온순한 혀가 됩니다. 하나님이 갚아 주실 것을 믿고 믿음으로 말하다 보면 생명을 살리게 되고, 우리의 입술로 하나님 나라를 만들어 갈 수 있습니다. 그럴 때 우리 가정이 거룩한 가정으로 바뀌게 되고, 내 이웃이 변화될 것입니다. "예수 믿어라" 하면 "너나 믿어라" 했던 사람들이 우리의 말 때문에 감동해서 하나님의 자녀가 되고, 하나님께 영광을 돌리는 변화가 일어날 것입니다.

1. 생활 중에 불쾌하게 느껴지거나, 분노에 찬 말을 듣게 될 때, 어떤 느낌을 받나요? 유순한 말로 바꿔 준다면 어떻게 표현하면 좋을까요?

2. 유순한 대답은 어떻게 할 수 있을까요? 유순한 대답은 어떤 결과를 가져오나요?

3. 우리 주변에 지혜롭고 유순한 말이 필요한 사람이 있다면, 그들에게 나는 어떻게 행동할 수 있을까요?

우리를 감찰하시는 하나님!

물질은 풍요하고, 문화는 발달하지만 분노가 많은 시대입니다.

그래서 사람들의 입이 점점 거칠어지고 있습니다.

이 폭력의 시대에 우리가 어떤 말을 해야 하는지 알게 하소서.

유순한 말, 지혜로운 말, 온순한 말을 하게 하소서.

우리의 말이 분노를 쉬게 하고, 문제를 해결하며,

상처를 치료하고, 사람을 살리는 말이 되게 하소서.

우리의 말로 상처받은 가족과 이웃을 치료하고 회복시켜 주소서.

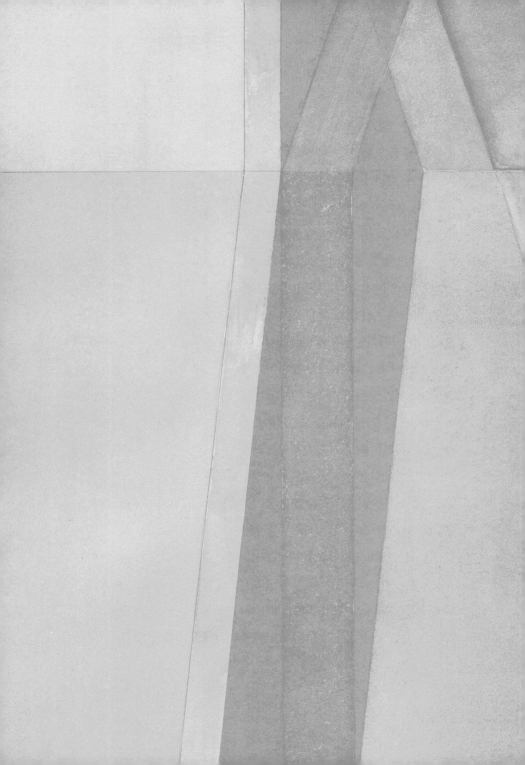

2부

행복하십니까?

행복이 오는 길을 따라

11 스올과 아바돈도 여호와의 앞에 드러나거든 하물며 사람의 마음이리요

12 거만한 자는 견책 받기를 좋아하지 아니하며 지혜 있는 자에게로 가지도 아니하느니라

13 마음의 즐거움은 얼굴을 빛나게 하여도 마음의 근심은 심령을 상하게 하느니라

14 명철한 자의 마음은 지식을 요구하고 미련한 자의 입은 미련한 것을 즐기느니라

15 고난 받는 자는 그 날이 다 험악하나 마음이 즐거운 자는 항상 잔치하느니라

16 가산이 적어도 여호와를 경외하는 것이 크게 부하고 번뇌하는 것보다 나으니라

17 채소를 먹으며 서로 사랑하는 것이 살진 소를 먹으며 서로 미워하는 것보다 나으니라

18 분을 쉽게 내는 자는 다툼을 일으켜도 노하기를 더디 하는 자는 시비를 그치게 하느니라

19 게으른 자의 길은 가시 울타리 같으나 정직한 자의 길은 대로니라

20 지혜로운 아들은 아비를 즐겁게 하여도 미련한 자는 어미를 업신여기느니라

21 무지한 자는 미련한 것을 즐겨 하여도 명철한 자는 그 길을 바르게 하느니라

7

행복은 목적이 아니라
결과입니다

행복을 갈망하는 존재

어린 강아지 한 마리가 마당에서 자기 꼬리를 잡으려고 뱅글뱅글 도는 것을 보고 어미 개가 물었습니다.

"너는 왜 그렇게 네 꼬리를 잡으려고 하니?"

그러자 강아지는 말했습니다.

"엄마, 저는 행복이 어디 있는지를 알았어요. 행복은 제 꼬리에 있다는 것을요. 그래서 제 꼬리를 붙잡으려고 도는 거예요. 제가 이 꼬리를 붙잡는 날, 저는 정말 행복해질 수 있을 거예요."

그 소리를 듣고 어미 개는 말했습니다.

"나도 너만 할 때 그런 고민을 했었지. 개에게 행복은 좋은 것이고, 그것이 꼬리에 있다는 것을. 그래서 꼬리를 잡으려고 노력했었어. 그러나 내가 나이 들면서 깨달은 것은 자신의 일에 열중할 때 내 꼬리는 자연히 나를 따라오기 때문에 그것을 잡으려고 애쓸 필요가 없다는 것이란다."

탈무드에 나오는 말입니다.

모든 사람이 가장 갈망하는 것이 행복입니다. 모든 사람이 원하는 최고의 목적은 '행복'입니다. 행복을 깊이 연구한 철학자 아리스토텔레스는《니코마코스 윤리학》에서 행복을 이렇게 정의했습니다.

"모든 사람은 행복을 추구하지만 행복이 무엇인가에 대한 정의는 매우 다양하다. 어떤 사람은 행복을 부나 명예 혹은 권력에서 찾으며, 또 어떤 사람은 행복을 건강과 장수에서, 또 혹자는 학문적 탐구와 이론적 관조에서 찾는다. 그러나 행복은 행운도 아니고, 욕망 충족의 결과도 아니다. 행복은 인간 활동의 결과로 생겨난 오래 지속되는 어떤 종류의 만족감이다."

그리고 아리스토텔레스는 행복을 세 종류로 나누었습니다.

"대중들에게 행복은 '욕망을 충족시키는 쾌락적인 삶'이다. 교양인에게 행복은 '명예'다. 철학자에게 행복은 '관조적인 삶'인데, 이것이야말로 자족적이며 참된 행복에 이르게 한다."

아리스토텔레스는 어떤 것을 소유해야만 행복하다는 것을 부정했습니다. 이것이 그의 공헌입니다. 그러나 행복이 인생 최고의 목적이라는 견해는 많은 도전을 받고 있습니다. 당신은 행복이 뭐라고 생각하십니까?

그리스도인에게 행복이란

이번 장의 주제는 '어떻게 하면 행복할 수 있을까'입니다. 다른 말로 하면 '신앙인의 행복론'입니다. '행복이란 무엇인가? 어디서 오고, 어떻게 해야 행복할 수 있는가?'에 대해 살펴보려 합니다.

먼저 행복이란 무엇일까요? 독일의 문호 괴테(Johann Wolfgang von Goethe)는 75세가 되었을 때 이렇게 말했습니다.

"내가 75년을 살면서 정말 행복했던 순간은 불과 4주간밖에 되지 않는다. 나머지 시간은 일에 매달려 분주하고 괴로워하며 보냈다."

왜 사람들은 행복을 바라면서도 행복하지 못할까요? 그것은 행복에 대한 오해 때문입니다. 먼저 행복이란 '나는 반드시 행복해야 한다'며 행복 자체를 목적으로 삼고 추구한다고 얻을 수 있는 것이 아닙니다. 행복은 그 자체가 목적이 아닌 결과입니다.

둘째, 행복에는 도덕성이 있습니다. 다른 사람을 불행하게 하더라도 나만은 행복할 수 있다고 생각하는 사람들이 많습니다. 그러나 다른 사람을 불행하게 만들면서 내가 행복해질 순 없습니다. 양심이 허락하지 않습니다. 수단 방법을 가리지 않고 손에 쥘 수 있는 것은 많습니다. 돈은 잘못된 방법으로 벌 수 있습니다. 권력도 잠시 소유할 수 있습니다. 그러나 행복은 아닙니다. 억지로 행복을 소유할 수는 없습니다. 다른 사람을 행복하게 만들어야 내가 행복할 수 있다는 것, 이것이 행복의 도덕성입니다.

마지막으로, 행복은 내가 원하기만 하면 주어지는 것이 아닙니다. 인간을 만드신 하나님은 우리가 어떻게 하면 행복할 수 있는지 아십니다. 행복해지는 길이 있습니다. 그 길을 따라가야 합니다. 결국 행복이란 억지로 그것을 찾는다고 되는 것이 아니며, 외적인 환경에 따른 것도 아닙니다. 행복이란 도덕적인 것이고, 내면적인 것이고, 절대적인 것입니다. 그렇다면 하나님이 주시는 행복의 길은 무엇일까요?

행복으로 가는 길 1 : 신앙

첫째, '신앙'입니다.

> 스올과 아바돈도 여호와의 앞에 드러나거든 하물며 사람의 마음이리요
>
> 잠 15:11

스올은 죽은 자가 잠시 머무는 곳입니다. '아바돈'은 '악마'라는 뜻입니다. 죽음의 세계와 악마도 하나님 앞에서는 다 드러나는데, 살아 있는 사람의 마음을 모를 수 있을까요? 그러므로 '하나님이 모든 것을 아신다' 이것을 믿어야 합니다. 하나님은 내 깊은 생각과 무의식적 행동까지도 아신다, 이것을 인정할 때 행복이 있습니다. 내가 어떤 처지에 있는지, 얼마나 힘들고 어려운지 하나님은 아십니다. 이 믿음이 있으면 행복합니다. 하나님 안에 내 존재 의미와 가치와 위로가 있기 때문입니다. 어떤 형편에 있더라도 하나님이 나를 아신다는 믿음이 있으면 행복합니다.

왜 낙심할까요? 일이 힘들고 어려워서가 아닙니다. 몰라주기 때

문입니다. 우리가 다른 사람을 격려하고 행복하게 하는 방법도 마찬가지입니다. "내가 너의 수고를 안다. 네 인내를 안다. 네 진실을 안다. 네 충성을 기억하고 있다"라고 인정해 주면 어떤 경우에도 행복할 수 있습니다. '아닌데, 나는 두려운데' 이런 생각이 듭니까? 그렇다면 그 두려워하는 것을 중지하십시오. 그러면 행복의 길로 나갈 수 있습니다.

올바른 신앙이 행복의 가장 중요한 요소입니다. 초월적인 하나님의 존재를 믿지 않으면 내 존재의 근거가 없어지고, 내 미래도 알수가 없습니다.

하나님이 에덴동산에서 인간에게 주신 명령이 있습니다.

"동산에 있는 모든 것을 먹을 수 있지만, 선악과는 먹지 말라."

하나님의 존재를 인정하면서 그 안에서 주어지는 많은 은혜를 누리는 것이 인간의 삶입니다. 그런데 사탄이 뭐라고 했습니까?

"누가 너더러 먹지 말라 하더냐? 먹어도 된다. 네 맘대로 살아라. 너에게는 주인이 없다. 너 자신이 주인이다."

이것이 마귀의 가르침이라는 것을 기억해야 합니다. 하나님은 말씀하십니다.

"하나님을 주인으로 인정하고 은혜를 누려라."

사탄은 말합니다.

"하나님 없이 네가 주인이 되면 행복해질 것이다."

16절 말씀은 "가산이 적어도 여호와를 경외하는 것이 크게 부하고 번뇌하는 것보다 나으니라"고 강조합니다. 사람들은 돈이 행복을 가져다준다고 말합니다. 하지만 성경은 '아니다. 여호와를 경외하는 것이 행복이다'라고 말씀합니다. 가산이 많고 적은 것이 문제가 아니라는 것입니다.

매주 우리는 예배를 드리는데, 예배는 '영적인 잔치'입니다. 과거의 죄를 해결받은 기쁨을 가지고, 지금 보좌에 앉으신 주님을 만나는 시간입니다. 그리고 나를 향한 미래의 약속을 확인하는 시간입니다. 예배란 돌아온 탕자를 반기는 아버지가 베푼 잔치이고, 세상에서 지친 자녀를 만나 주고 위로하시는 하나님의 잔치입니다. 그러므로 예배를 드리며 행복한 사람이 정말 행복한 사람입니다.

세상은 놀랍게 변하고 있습니다. 시시각각 변하는 세상의 속도를 따라가려니 자꾸 기준이 흔들립니다. 하나님은 변함없이 나를 사랑하신다는 것, 그것이 확인되고 인정되고 고백되지 않으면 우리 삶은 불안합니다. 결코 행복할 수 없는 것입니다.

이 세상은 성공의 나라입니다. 성공하면 인정해 주고, 실패하면 버림을 받습니다. 이 세상에서 나의 가치는 성공에서 찾을 수밖에 없습니다. 그래서 모든 사람이 '성공하지 못하면 어떡하지?' '인정받지 못하면 어떻게 하지?'란 불안감 속에서 살아가고 있습니다. 어떻게 해서든지 살아남아야 하고, 성공해야 한다는 부담과 갈증에 시달리고 있습니다. 이런 사람들에게 행복은 없습니다.

하나님 나라는 그렇지 않습니다. 나의 존재 가치를 있는 그대로 인정합니다. 하나님은 나를 사랑하시며, 내 모습 그대로 인정하십니다. 하나님 안에서 나의 가치를 인정받지 않으면, 확인하지 않으

인생 잠언

면 진정한 의미의 행복은 없습니다. 신앙은 행복의 중요한 요소입니다.

이 세상에서 하나님의 자녀가 되는 것보다 더 큰 성공이 없고, 그보다 더 큰 행복도 없습니다. 정말 당신이 예수 그리스도를 믿는다면, 하늘나라를 약속받고 성령을 따라 살아가고 있다면, 그것 자체로 성공한 것입니다. '나, 이대로 죽어도 좋다'고 생각하게 될 것입니다. 이미 세상이 줄 수 있는 모든 것을 얻고도 남았기 때문입니다. 하늘과 땅의 만남에서 오는 나의 존재 가치, 그리고 나의 미래에 대한 확신이 있을 때 참으로 평화로울 수 있고 행복할 수 있습니다.

영국의 마틴 로이드 존스(Martyn Lloyd Jones) 목사님은 말했습니다. "세상에서 가장 행복했던 사람은 영광스러운 구원을 이해하고 자신이 누구인가를 알았던 사람들입니다. 예수 그리스도 안에 있던 사람들입니다. 그들은 철저하게 그분 안에 있었습니다. 그래서 그들은 이 세상에서 승리자가 되었고 행복한 삶을 살았으며, 궁극적으로는 행복과 불행의 원인이 되는 모든 것으로부터 자유롭게 되었습니다. 정말로 행복해질 수 없는 사람은 행복을 위해 사는 사람입니다. 당신이 행복을 추구하기 위해 산다면 절대로 그것을 찾을 수 없을 것입니다. 행복은 하나님께로부터 오는 것이며, 내가 누구인가를 알 때 오는 것이며, 진리를 따라갈 때 오는 것이기 때문입니다."

거만한 자는 견책받기를 좋아하지 아니하며 지혜 있는 자에게로 가지도 지혜로운 사람이 누구일까요? 하나님이 아신다는 것을 인정하는 사람입니다. 하지만 거만한 사람은 그것을 부정합니다. '하나님이 어떻게 알아?' 모른다고 고집을 부립니다. 유대인의 전설에 따르면, 요셉이 시위대장 보디발의 아내로부터 유혹을 받고 거절했을 때, 여자가 자기 치마를 벗어서 옆에 있는 신상을 덮으면서 이렇게 말했다고 합니다.

"보세요. 우리 신은 보지 않습니다. 당신과 나 둘뿐입니다."

그러자 요셉이 말합니다.

"당신의 신은 그럴지 몰라도, 내가 믿는 하나님은 보고 계십니다."

하나님이 내 삶을 바라보고 계신다는 사실, 그것을 알아야 합니다. 오늘도 내가 좀 더 깨끗하고 진실하고 정결하게 살겠다고 외로움과 고통을 견디며 몸부림치는 그 모습을 하나님은 기뻐하며 바라보신다는 것을 믿어야 합니다. 그럴 때 위로를 받고, 정결하게 살며, 행복할 수 있습니다.

행복으로 가는 길 2 : 마음

둘째, 행복은 '마음'에서 오는 것입니다. 마음이 즐거우면 얼굴이 빛납니다("마음의 즐거움은 얼굴을 빛나게 하여도" 13절). 마음이 즐거워야 잔치가 됩니다. 돈이 많으면 행복할 것이라고 생각하나요? 행복이 물질에서 온다고 착각하기 때문에 불행해집니다. 예쁘면 행복할까요? 날씬하면 행복할까요? 아닙니다.

제 친구 중에 머리카락이 하나도 없는 친구가 있는데, "희든지 검든지 머리털 좀 있으면 더 바랄 것이 없겠다"고 말합니다. 이런 친구가 있는가 하면 머리숱이 삼손처럼 무성한 친구도 있습니다. 그렇다고 이 친구가 행복할까요? 아닙니다. 그 친구는 맨날 머리를 잡아 뜯습니다. 고민이 많기 때문입니다.

자본주의 사회는 결코 '충분하다'고 말하지 않습니다. 오히려 "아직 부족하다. 더 있어야 한다. 더 가져야 하고 더 구매해야 행복하다"고 말합니다. '부족함'을 강조함으로써 더 많은 것을 향해 나가도록, 더 많이 가지도록 자극하는 것입니다. 이런 가치관으로 결코 행복할 수 없습니다.

소유가 다가 아닙니다. 소유는 하나님이 주신 선물에 불과합니다. 그러므로 소유를 넘어, 그것을 주신 하나님을 바라볼 때 거기에 심령의 낙이 있습니다. 하나님을 믿을 때 거룩한 신뢰가 생겨나고, 그 안에 참된 평안이 있게 됩니다. 그리고 그 뜻 안에서 오늘을 바라볼 때, 모든 것에 의미가 있습니다.

저는 예배를 인도할 때, 성도들의 얼굴을 봅니다. 올 때와 달리 예배를 마치고 돌아갈 때, 근심에 눌려 있던 것이 사라지고, 하나님의 은혜로 얼굴이 빛나는 것을 발견하곤 합니다. 예배는 영적인 목욕과 같습니다. 예배를 드리며 행복을 느끼는 사람이 행복한 사람입니다. 그 사람은 행복을 결코 빼앗기지 않을 것입니다.

채소를 먹으며 서로 사랑하는 것이 살진 소를 먹으며 서로 미워하는 것보다 나으니라 잠 15:17

돈보다 사랑과 화목을 더 중시하는 것이 행복입니다. 유명한 재벌 사모님한테 "행복하시겠습니다" 했더니 돌아온 대답이 이랬습니다.

"네, 그럴 때도 있지요. 그러나 가끔은 싹 망해 버렸으면 좋겠다는 생각도 합니다. 전에 고생할 때는 죽 한 그릇 놓고 마주 앉아서 '당신이 더 먹어. 아니에요. 당신이 더 드세요' 이렇게 살았는데 이제는 일주일에 하루 얼굴 보기도 힘들어요. 이게 무슨 행복입니까?"

가정의 화목이 제일입니다. 화목이 없이는 행복하지 않습니다. 돈 때문에 불평하지 말고, 사랑한다고 말하세요. 그럼 행복해집니다. 그리고 섬기고 배려하면 행복해집니다.

가정 안에서도 화목해야 하지만 이웃과도 화목해야 합니다. 그 이웃의 대표가 누구입니까? 부모님입니다. 부모님을 즐겁게 하는 것이 행복입니다("지혜로운 아들은 아비를 즐겁게 하여도 미련한 자는 어미를 업신여기느니라" 20절). 혼자 살지 않고 더불어 사는 것, 독불장군이 아니라 이웃과 함께 살아가는 것이 행복입니다.

행복으로 가는 길 3 : 성실함

마지막으로, 행복은 '내가 해야 할 일을 잘 감당하는 것'입니다. 성실함이 행복입니다.

게으른 삶은 행복할 것 같지만, 아닙니다. 가시 울타리같이 고통스럽습니다. 결국 성실 속에 행복이 있다는 말입니다. 아이들의 공부를 예로 들어 볼까요? 그날그날 조금씩 하면 됩니다. 그러면 실력도 늘고, 재미도 생깁니다. 그런데 "어휴, 이걸 언제 다해? 내일 하자. 다음 주에 하자" 합니다. 그러다 보면 못합니다. 그러면서 "가시 울타리 때문이야!"라고 핑계를 댑니다. 의무를 이행하는 실제적인 수고를 감당하려는 성실과 노력이 없는 것입니다. 그래서 고통을 당합니다. 그러나 성실하게 감당할 때 대로가 열립니다. 게으르면 행복이 없습니다.

정리하겠습니다. 여호와 경외가 행복의 시작입니다. 수직적 행복입니다. 그다음은 소유가 아니라 마음입니다. 서로 사랑하는 것이 행복입니다. 더 나아가서 주어진 환경 안에서 용서하고 성실하게 살아갈 때 행복할 수 있습니다.

함께
이야기하기

1. 내가 가장 행복할 때는 언제인가요? 그리스도인에게 행복은 무엇인가요?

2. 하나님이 주시는 행복의 길 세 가지가 무엇인가요?

3. 행복은 어디에서 시작되나요? 우리에게 주어진 소유와 환경, 사람들을 어떻게 대해야 할까요?

함께
기도하기

행복하라고 명하신 하나님!
행복의 길이 어디 있는지 가르쳐 주시니 감사합니다.
하나님이 없는 인생은
행복할 수 없다는 것을 말씀하시니 감사합니다.
여호와를 경외하고 하나님을 믿는 것은 힘든 일이 아니라
진정으로 우리를 행복하게 하는 길임을 믿습니다.
돈이 부족해도 서로 사랑하는 마음을 가질 때
행복이 있다는 것을 알게 하소서.
분노를 가라앉히고, 성실하게 하소서.
우리 모두 진정한 행복을 누리며 살게 하소서.

22 의논이 없으면 경영이 무너지고 지략이 많으면 경영이 성립하느니라
23 사람은 그 입의 대답으로 말미암아 기쁨을 얻나니 때에 맞는 말이 얼마나 아름다운고
24 지혜로운 자는 위로 향한 생명 길로 말미암음으로 그 아래에 있는 스올을 떠나게 되느니라
25 여호와는 교만한 자의 집을 허시며 과부의 지계를 정하시느니라
26 악한 꾀는 여호와께서 미워하시나 선한 말은 정결하니라
27 이익을 탐하는 자는 자기 집을 해롭게 하나 뇌물을 싫어하는 자는 살게 되느니라
28 의인의 마음은 대답할 말을 깊이 생각하여도 악인의 입은 악을 쏟느니라
29 여호와는 악인을 멀리 하시고 의인의 기도를 들으시느니라
30 눈이 밝은 것은 마음을 기쁘게 하고 좋은 기별은 뼈를 윤택하게 하느니라
31 생명의 경계를 듣는 귀는 지혜로운 자 가운데에 있느니라
32 훈계받기를 싫어하는 자는 자기의 영혼을 경히 여김이라 견책을 달게 받는 자는 지식을 얻느니라
33 여호와를 경외하는 것은 지혜의 훈계라 겸손은 존귀의 길잡이니라

8

어떻게 살아야 하느냐
묻거든

인생의 가을이 오면

'내 인생에 가을이 오면'이라는 시가 있습니다.

내 인생에 가을이 오면 나는 나에게 물어볼 이야기들이 있습니다. / 내 인생에 가을이 오면 나는 나에게 **'사람들을 사랑했느냐'**고 물을 것입니다. / 그때 가벼운 마음으로 말할 수 있도록, 나는 지금 많은 사람들을 사랑하겠습니다.

내 인생에 가을이 오면 나는 나에게 **'열심히 살았느냐'**고 물을 것입니다. / 그때 자신 있게 말할 수 있도록, 하루하루를 최선을 다하며 살겠습니다.

내 인생에 가을이 오면 나는 나에게 **'사람들에게 상처를 준 일이 없었느냐'**고 물을 것입니다. / 그때 자신 있게 말할 수 있도록, 사람들에게 상처를 주는 말과 행동을 하지 말아야겠습니다.

내 인생에 가을이 오면 나는 나에게 '삶이 아름다웠느냐'고 물을 것입니다. / 나는 그때 기쁘게 대답할 수 있도록, 내 삶의 날들을 기쁨으로 아름답게 가꾸어 가야겠습니다.

내 인생에 가을이 오면 나는 나에게 '어떤 열매를 얼마만큼 맺었느냐'고 물을 것입니다. / 그때 나는 자랑스럽게 말할 수 있도록, 내 마음 밭에 좋은 생각의 씨를 뿌려 놓아 / 좋은 말과 좋은 행동의 열매를 부지런히 키워야겠습니다

이 시에는 가을을 바라보는 한 사람의 모습이 나타납니다. 가을은 우리에게 열매를 줍니다. 가을에 열매가 없다면 원인은 간단합니다. 봄에 씨를 뿌리지 않은 것입니다. 인생의 가을이 쓸쓸하다면 다시 생각해야 합니다. 나는 어떤 씨를 뿌렸는가? 당신은 지금 인생에 대해 어떤 질문을 하고 있습니까?

이번 장은 7장의 결론에 해당합니다. 어떻게 사는 것이 행복한 인생이고, 후회 없는 인생이며, 하나님이 원하시는 인생일까요? 다시 말하면 어떻게 살아야 할까요?

행복한 삶을 위해서

첫째, 함께 살아야 합니다. 왜냐하면 우리는 인간(人間)이기 때문입니다. 하나님은 인간이 혼자 살도록 만들지 않으셨습니다. 함께 살도록 하셨습니다. 혼자 있으면 내가 될 수 있는가, 나를 발견할

수 있는가? 아닙니다. 함께 있을 때 내가 될 수 있고, 나를 발견할
수 있습니다.

> 의논이 없으면 경영이 무너지고 지략이 많으면 경영이 성립하느니라
> 잠 15:22

인생은 아무렇게나 살아서는 안 됩니다. 경영이 있어야 합니다.
인생의 목적과 방향이 있어야 한다는 것입니다. "어떻게 살아야 할
지 모르겠어서 되는대로 살아" 이런 사람들이 너무 많습니다. 우리
각 사람에게는 자기만의 인생이 있습니다. 그럼에도 불구하고 원칙
은 있습니다. 먼저는 이것을 기억해야 합니다. '혼자 갈 것인가, 같
이 갈 것인가?' 같이 가야 합니다. '나 혼자 살래. 너는 필요 없어' 이
런 마음을 가지고 있다면 잘못 가는 것입니다. '아냐, 우리는 함께
가야 해' 이런 마음을 가져야 합니다.

그런데 함께 가려면 의논이 필요합니다. 왜냐하면 의논이 있을
때 경영이 성립하기 때문입니다. 나 혼자 다 할 수 있을까요? 아닙
니다. 함께 대화를 나누고, 머리를 맞대고 풀어 가야 합니다. 로마
속담에 "여러 사람의 눈은 한 사람의 눈보다 더 많은 것을 본다"는
말이 있습니다. 이 세상에서 살아남기 위해서는, 그리고 번영하고
행복하기 위해서는 다른 존재와 더불어 살아야 합니다.

이스라엘에서는 어릴 때부터 서로 협력해서 풀 수 있는 시험 문
제를 내줍니다. 함께 해결하라는 것입니다. 잘했을 때는 함께 좋은

점수를 받고, 못했을 때는 함께 나쁜 점수를 받습니다. 공동체 의식을 기르는 것입니다. 최근 우리나라에 소개되어 주목받고 있는 이스라엘의 교육 방법인 '하브루타 교육'(서로 질문하고 토론하며 학습하는 교육 방식)이 여기서 나왔습니다. 예를 들면 수학 문제를 풀다가 풀리지 않으면 함께 모여서 왜 안 되는지를 서로 이야기합니다. 토론 끝에 원인을 찾아내어 문제를 풀어 냅니다.

유명한 실험이 있습니다. 원숭이를 우리에 가두고 큰 소리를 들려주면 원숭이가 엄청난 스트레스를 받는데, 그때 분비되는 것이 '코르티솔' 호르몬입니다. 스트레스를 많이 받을수록 코르티솔의 농도가 높아집니다. 이 호르몬이 많이 분비되면 사고력이 손상되고 자기 통제가 어려워집니다. 그런데 혼자 있는 원숭이에게 다른 원숭이를 넣어 주면, 똑같은 상황인데도 뇌의 코르티솔 농도가 뚝 떨어집니다. 외부의 스트레스 요인은 똑같지만 누군가가 옆에 있다는 사실만으로도 스트레스 수치가 내려가는 것입니다. 이는 무엇을 의미합니까? 더불어 살아갈 때, 사람은 물론 동물까지도 스트레스를 견디고 건강하고 행복하게 살아갈 수 있습니다.

누구와 함께할 것입니까

내 인생이라고 나 혼자 어떻게 해볼 수 있는 것이 아닙니다. 다른 사람의 도움이 절대적으로 필요합니다. 내 인생은 경영이 필요하며, 이때 머리를 맞대고 의논해 줄 이웃이 있어야 합니다.

행복의 중요한 요소가 관계입니다. 다른 사람을 받아들이는 만큼 행복해집니다. 그러므로 다른 사람들에게 마음을 여는 법을 배워야 합니다. 21세기의 핵심 용어 중 하나가 '공동체'(community)입니다. 외톨이가 되어서는 안 됩니다. 내게 주신 공동체를 소중히 여기고, 함께 살아가는 훈련을 해야 합니다.

그렇다면 누가 나에게 '함께하자'는 제안이나 부탁을 했을 때, 나는 어떻게 해야 할까요?

> 사람은 그 입의 대답으로 말미암아 기쁨을 얻나니 때에 맞는 말이 얼마나 아름다운고 잠 15:23

대답을 잘해야 합니다. 상대에 대한 나의 태도가 대답에 드러납니다. 동의하면 마음이 연결됩니다. 관계가 맺어지고 함께 갈 사람을 얻게 됩니다. 지금부터라도 대답하는 방법을 잘 배워야 합니다. 그중의 하나가 '때에 맞는 말'을 하는 것입니다. 그러면 모든 사람이 나를 반길 것입니다.

누가 나를 칭찬하면 뭐라고 해야 할까요? "감사합니다" 이렇게 대답하면 됩니다. "아니에요, 아니라니까요. 정말 아닙니다" 이러면 말한 사람은 뭐가 됩니까? 그냥 "감사합니다" 하면 됩니다. 나를 반대하거나 비난하면 뭐라고 하면 될까요? "틀렸어. 네가 뭘 안다고! 말도 안 돼" 이렇게 말하면 안 됩니다. "그럴 수도 있겠군요"라고 말하면 됩니다. 왜냐하면 그 사람도 자기 나름대로 생각이 있는 거니까요.

2부 행복하십니까?

한국 기독교계의 큰 어른이신 고(故)한경직 목사님은 목사님들 중에서 가장 말실수가 없었던 분입니다. 그분은 누가 옳은 말을 하면, "그럼, 그렇지요. 맞습니다", 잘못된 말을 하면 "아, 그래요? 일리가 있습니다" 이렇게 대답했습니다. 그래서 적이 없었습니다. 모든 사람의 마음을 얻을 수 있었습니다. 대답만 잘해도 모든 사람과 잘 지낼 수 있습니다.

얼마 전에 교회 로비에 서 있는데 "얘, 너 왜 그렇게 말랐니?" 하는 소리가 들렸습니다. 결혼한 아들을 보고 어머니가 한 말입니다. 그 순간 제가 뒤를 돌아보았습니다. 옆에 며느리가 있나 해서요. 그 말을 들으면 며느리가 어떻게 생각하겠어요? '내가 잘 못해 준다는 말이구나' 하며 자기를 꾸짖는 말로 듣고 상처를 받을 것입니다. 주일에 오랜만에 봤는데, "아들이 안 그랬는데 얼굴이 많이 상했네!" 란 소리를 들으면, 며느리가 교회 나오고 싶을까요? 실제로 얼굴이 상했을 것입니다. 하지만 염려해서 한 말이라도 옆에서 듣는 사람은 고역이 됩니다. 소화하기 힘든 것입니다. 그래서 때에 맞는 말이 중요합니다. "얘, 만나서 반갑다. 잘 지냈니?" 이렇게 말하면 되는 것입니다.

가장 잘못된 말은 결정해 놓고 뒤에서 딴소리하는 것입니다. 회의 중에는 이런저런 의견이 일치하지 않을 수 있습니다. 그러나 일단 결정이 되면, 내 맘에 들지 않더라도 밀고 나가야 합니다. "나는 반대했는데!" 이러면서 뒤에서 수군거려선 절대 안 됩니다. 공동체를 허무는 일이기 때문입니다. 무슨 말을 하든 때에 맞는 말인지를

인생 잠언

생각해야 합니다.

환영하거나 축하할 때 치는 박수도 방법이 있습니다. 세 가지입니다. 먼저 팔을 펴고 쳐야 합니다. 다음으로 박수를 받는 사람을 쳐다보아야 합니다. 마지막으로 7초 이상 쳐야 합니다. 팔도 안 펴고, 쳐다보지도 않고, 두어 번 치고 말면 축하가 아니라 오히려 모욕하는 것입니다. 대답을 잘하면 사람을 얻습니다. 그러나 대답을 통해 듣는 사람을 실망시키고, 자기를 파괴하며, 스스로 고독의 담을 쌓는 사람도 많습니다.

그러면 우리는 어떤 사람과 함께 가야 할까요? 동반자를 잘 골라야 합니다. 교만한 자와 함께하지 말아야 합니다("여호와는 교만한 자의 집을 허시며" 25상절). 또한 하나님은 과부의 지계(地界)를 정하십니다("과부의 지계를 정하시느니라" 25하절). 과부는 의지할 곳 없는 사람의 대표입니다. 과부의 땅을 누가 지켜 주겠습니까? 힘 있는 사람들이 경계를 옮기면 꼼짝 못 합니다. 얼마나 억울할까요? 그러니까 약한 사람을 못살게 구는 사람과 함께하지 말라는 것입니다. 악한 꾀를 부리는 사람은 가까이하지 말라 하십니다("악한 꾀는 여호와께서 미워하시나" 26절). 이익을 탐하는 사람, 돈에 눈이 먼 사람을 가까이하지 말라는 것입니다. 어떻게 구별할 수 있을까요? 모릅니다. 그러나 함께하다가 알게 되면 조심하고 끌려다니지 말라는 것입니다.

내 주변에는 사람이 없다고요? 아닙니다. 하나님은 이미 우리에게 많은 사람을 보내 주셨습니다. 내가 할 일은 함께 가야 한다는 것을 인정하고, 마음을 열고 대답하며, 어떤 사람이 나와 함께 갈 사람인가를 잘 살피는 것입니다. 이미 주셨다는 것을 믿고 관계를 발전시켜 나가야 합니다.

생명의 길을 따라가면

어떻게 하면 인생길을 걸어가며 악에 빠지지 않을 수 있을까요? '악에 빠지지 말아야지' 하고 결심하면 될까요? 아닙니다. 올바르고 높은 목적을 세우고 따라가다 보면 악에 빠지지 않을 수 있습니다.

무디 목사님이 컵을 바라보면서 "어떻게 하면 컵에서 공기를 빼낼 수 있을까요?" 하자 사람들이 깊이 고민했지만 아무도 대답을 못 했습니다. 그때 무디 목사님이 이렇게 말했습니다.

"간단합니다. 컵에다 물을 부으면 됩니다."

나쁜 생각을 하지 않으려고 애쓰는 것은 힘듭니다. 대신에 좋은 일을 하다 보면 어느새 나쁜 일에서 멀어집니다.

> 지혜로운 자는 위로 향한 생명 길로 말미암음으로 그 아래에 있는 스올을 떠나게 되느니라 잠 15:24

스올, 죽음의 길에서 떠나려면 어떻게 해야 합니까? 위로 향한 생명 길로 열심히 가다 보면 어느새 죽음의 길을 벗어나게 됩니다. 그러므로 지혜로운 사람은 생명의 길을 향해 나아갑니다. 이것이 음부를 떠나는 선행조건입니다. 쉽게 말해 하나님을 바라보며 살면 죄악을 이기게 되는 것입니다.

인생 잠언

명상이 '비우는 것'이라면 묵상은 '채우는 것'입니다. 흔히 명상을 한다, 생각을 비운다고 말하는데 끝없이 떠오르는 생각을 인위적으로 막기는 어렵습니다. 대신에 무언가로 채우면, 그 생각으로부터 벗어날 수 있습니다. 묵상이 필요한 이유입니다. 묵상이란 말씀을 붙들고 그것을 생각하며 어떻게 적용할까 지혜를 구하는 것입니다. 말씀을 붙잡고 사는 것입니다. 이것이 기독교가 추구하는 방법입니다.

악에서 벗어나는 방법을 말하면서 27절에서 "뇌물을 싫어하는 자는 살게 되느니라"고 말씀합니다. 무슨 말인가요? '뇌물을 좋아하면 죽는다'는 의미입니다. 하나님이 죽이겠다는 것입니다. 뇌물을 써서라도 이익을 얻으려는 이유는 자기 집을 세우려는 것입니다. 그러나 하나님은 말씀하십니다.

"그 집을 헐어 버리겠다."

뇌물을 주고받는 행위는 자기 집을 허는 행위입니다. 뇌물은 선악을 모호하게 만듭니다. 결국 자신에게로 돌아와 자신이 세우려는 집을 무너뜨립니다.

그렇다고 서로 고마운 마음도 표현할 수 없을까요? 아닙니다. 선물은 필요합니다. 사랑하는 마음이 담긴 선물은 주는 사람도 행복하고, 받는 사람도 행복합니다.

하나님을 경외할 때

이런 모든 것이 인간의 힘으로 가능할까요? 아닙니다. 하나님의 도움이 필요합니다. 그래서 나오는 것이 기도입니다. 우리는 하나님의 도움이 필요한 인생입니다. 하나님은 기도를 통해 우리와 대화하시고, 우리와 함께하심을 확인시켜 주십니다. 그러면 어떻게 기도해야 할까요? 하나님은 누구의 기도를 기뻐하실까요? '의인의 기도'입니다. "의인의 간구는 역사하는 힘이 큼이니라"(약 5:16)고 했습니다. 그러므로 기도하면서 생각해야 합니다.

'내 기도가 의로울까?'

의로운 기도가 되려면 두 가지 방법이 있습니다. 하나는 회개입니다. 자기를 살피면서 내 마음과 말과 행동을 씻어 달라고 기도하는 것입니다. 또 하나는 자기를 내려놓고 주님을 붙잡는 것입니다. 회개하지 않는 것이 죄이고, 예수님을 의지하지 않고 자기 고집대로 하는 것이 죄입니다. 기도만 한다고 될까요? 아닙니다. 의롭게 살아야 합니다.

> 눈이 밝은 것은 마음을 기쁘게 하고 좋은 기별은 뼈를 윤택하게 하느니라
> 잠 15:30

의롭게 살 때 얻게 되는 두 가지 기쁨이 있습니다. 눈이 밝아집니다. 눈이 밝아지는 것은 자신으로부터 오는 것이며 내적인 기쁨입니다. 어떤 때 눈이 어두워질까요? 지나친 욕심을 부렸을 때입니다.

그러므로 눈이 밝다는 것은 욕심과 정욕과 시기, 질투로부터 벗어난 깨끗한 마음, 거기서 나오는 뿌듯하고 담대한 마음을 말합니다. 정직한 자가 가지게 되는 분별력과 용기를 의미하는 말입니다.

또 하나는 좋은 기별이 옵니다. 좋은 기별이란 무엇인가요? 외부로부터 오는 좋은 소식입니다. 외부로부터 오는 기쁨입니다. 칭찬과 위로가 있겠다는 것입니다.

> 생명의 경계를 듣는 귀는 지혜로운 자 가운데에 있느니라 훈계받기를 싫어하는 자는 자기의 영혼을 경히 여김이라 견책을 달게 받는 자는 지식을 얻느니라 잠 15:31-32

'생명의 경계'란 생명을 가져오는 경고입니다. 하나님의 경고를 잘 들으면 생명을 얻게 됩니다. 그리고 훈계를 받을 때 영혼이 구원됩니다. 33절은 이 모든 것의 결론입니다.

> 여호와를 경외하는 것은 지혜의 훈계라 겸손은 존귀의 길잡이니라 잠 15:33

지혜의 핵심은 여호와를 경외하는 것입니다. 하나님을 경외하고 겸손히 행하면, 거기에 행복이 있고, 존귀가 따라옵니다.

1. 행복하려면 어떻게 살아야 할까요? 나는 그렇게 살아가고 있
   나요? 그렇지 못하다면 이유는 무엇일까요?

2. 공동체로 초청받을 때, 우리는 어떻게 반응해야 할까요? 나와
   함께하라고 주어진 사람들은 어떤 사람들인가요?

3. 명상과 묵상의 차이는 무엇인가요? 죄와 허무와 고통을 이기
   는 방법은 무엇일까요?

우리를 하나님의 형상으로 지으신 하나님!

어떻게 살아야 하는가 가르쳐 주시니 감사합니다.

더불어, 함께 살아가게 하소서.

어떤 사람과 함께 가야 하는가를 아는 분별력을 주소서.

영원한 생명 길을 바라보며 악에서 벗어나게 하소서.

기도로 하나님과 연결되게 하시고, 말씀을 잘 듣고,

여호와를 경외하며 겸손히 하나님과 동행하게 하소서.

그래서 하나님과 사람 앞에 가치 있는 인생을 살게 하소서.

잠 16:1-9

1 마음의 경영은 사람에게 있어도 말의 응답은 여호와께로부터 나오느니라
2 사람의 행위가 자기 보기에는 모두 깨끗하여도 여호와는 심령을 감찰하시느니라
3 너의 행사를 여호와께 맡기라 그리하면 네가 경영하는 것이 이루어지리라
4 여호와께서 온갖 것을 그 쓰임에 적당하게 지으셨나니 악인도 악한 날에 적당하게 하셨느니라
5 무릇 마음이 교만한 자를 여호와께서 미워하시나니 피차 손을 잡을지라도 벌을 면하지 못하리라
6 인자와 진리로 인하여 죄악이 속하게 되고 여호와를 경외함으로 말미암아 악에서 떠나게 되느니라
7 사람의 행위가 여호와를 기쁘시게 하면 그 사람의 원수라도 그와 더불어 화목하게 하시느니라
8 적은 소득이 공의를 겸하면 많은 소득이 불의를 겸한 것보다 나으니라
9 사람이 마음으로 자기의 길을 계획할지라도 그의 걸음을 인도하시는 이는 여호와시니라

9

어디까지
맡기셨습니까?

창조와 구원, 두 관점의 차이

성경에는 두 가지 커다란 주제가 있습니다. 창조와 구원입니다. 기독교 신학의 주제도 두 가지로 압축됩니다. 창조신학과 구원신학입니다. 창조신학에 따르면 인간은 창조의 꽃이며, 놀라운 능력의 소유자이며, 선하고 아름답습니다. 그러나 구원신학에 따르면 인간은 타락한 죄인입니다. 스스로의 힘으로는 구원의 가능성이 전혀 없습니다.

창조 세계를 지탱하는 가장 중요한 원리는 '심은 대로 거둔다'입니다. 이 법칙이 무너지면 이 세상은 존재할 수 없습니다. 보이는 세계에서 이 법칙은 예외가 없습니다. 그러므로 창조신학에서 가장 큰 죄는 게으름입니다.

그러나 구원의 입장에서 보면 인간의 노력은 아무런 가치가 없습니다. 절대적인 은혜, 공짜로 주어지는 은혜가 아니면 구원은 불가능합니다. 나는 죄인이며, 오직 은혜가 아니고는 불가능하다는 것을 믿어야 합니다. 그러므로 구원신학에서 가장 큰 죄는 불신앙입니다.

신앙인은 구원신학의 입장에서 세상을 바라봅니다. 자기의 수고와 노력에 대해 큰 가치를 두지 않습니다. 거저 받은 은혜를 강조합니다. 좋은 것입니다. 그러나 노력하지 않고 은혜만 바라는 약점도 가집니다.

비신앙인은 창조신학의 입장에서 세상을 바라봅니다. 심은 대로 거둔다는 법칙에 의해 자기 노력의 가치를 소중히 여깁니다. 좋은 것입니다. 그러나 구원도 자기의 힘과 노력으로 얻으려고 합니다. 이것이 약점입니다.

어느 것이 올바른 것일까요? 둘 다 필요합니다. 우리는 창조된 세상에서 살아갑니다. 따라서 심은 대로 거둔다는 법칙을 따라야 합니다. 열심히 땀 흘려 수고해야 하고, 그 수고의 결과에 대해 인정해야 합니다. 그러나 내 수고만으로 가능할까요? 아닙니다. 위로부터 주시는 은혜가 있어야 합니다. 모든 사람은 수고와 노력을 합니다. 하지만 수고한다고 다 같은 결과가 나올까요? 그렇지 않습니다. 그러므로 분명히 은혜의 영역이 있습니다. 인간의 노력과 하나님의 은혜, 이것이 균형을 이루어야 합니다.

오래전에 제가 아들에게 실수를 한 적이 있습니다. 아들이 열심히 공부해서 좋은 점수를 받았습니다. "야, 정말 수고했다. 장하다!" 이렇게 격려해 주어야 하는데, "1등 했구나. 주님의 은혜다. 우리 감사드리자" 이렇게 말하고 기도를 했습니다. 기도가 끝나자 아이가 울었습니다.

"아니, 왜 우냐?"

"어떻게 나한테는 잘했다는 말 한마디도 안 하세요?"

정말 미안했습니다. 그래서 바로 사과를 했지요.

"아, 그렇구나. 정말 미안하다. 나는 너무 감격해서 그랬는데, 네가 수고하지 않았다는 뜻은 아니었어! 그래도 너는 서운했겠다. 미안해."

이때 깨달은 것이 있습니다. '내가 너무 구원신학에 붙들려 있구나. 창조신학도 바라봐야겠다.'《선한 창조》는 그 결과로 쓰게 된 책입니다.

어디까지가 내 힘입니까

이번 장은 '인간의 수고와 성공의 상호관계'를 살펴보고자 합니다. 성공은 내 노력에 달려 있을까? 내가 노력하면 성공할 수 있을까? 아니면 내 노력은 아무 소용없고 하나님의 은혜만 있으면 될까? 그런데 어디까지가 내 노력이고, 어디까지가 은혜일까?

모든 것을 자기 힘으로 할 수 있다고 생각하는 사람, 은총을 모르는 인생은 각박합니다. 쫓기며 삽니다. 세상 짐을 다 지고 살아야 하므로 분노와 원망이 많습니다. 그런가 하면 모든 것을 하나님께 요구하며 게으름을 합리화하는 것도 답답한 인생입니다. 그럼 어떻게 해야 할까요?

먼저 사람이 할 일은 무엇일까요? 마음의 경영입니다("마음의 경영은 사람에게 있어도 "1절). 사람은 어떤 일을 계획하고, 그것에 따른 수고와 노력을 해야 합니다. 이것이 인간의 기본 자세입니다. 그러나 수고와 노력만 있으면 다 되는 것일까요? 아닙니다. 결과는 하나님의 손에 있습니다.

내 뜻대로 안 될 때 우리는 '왜 내 마음대로 안 되는 것일까? 뭐가 문제인가?'하며 이상하게 생각합니다. 자기가 볼 때는 자기가 옳습니다. 자기 계획이 가장 완벽하고, 자기 행동이 제일 깨끗합니다. 그러나 하나님은 심령을 감찰하십니다.

> 사람의 행위가 자기 보기에는 모두 깨끗하여도 여호와는 심령을 감찰하시느니라 잠 16:2

감찰은 '숨은 동기를 저울에 달아 본다'는 뜻입니다. 사람은 겉으로 드러난 행위를 가지고 판단합니다. 그러나 하나님은 마음속에 숨은 동기를 가지고 판단하십니다. 판단 기준이 다릅니다.

사람들은 지금만 바라보고, 겉으로 드러난 것에만 집착합니다. '얼마를 벌었나?' '몇 등 했나?' '합격했는가?' 그러나 하나님은 '왜 그렇게 했는가?' '어떤 의도를 가지고 그 일을 했는가?' 숨은 동기를 중요시하십니다. '내 욕망을 성취하기 위한 것이었는가, 아니면 하나님이 맡기신 인생에 대한 책임감에서 한 일인가?' '다른 사람들이 알아주기 때문에 그 일을 했는가, 아니면 하나님이 주신 소명을 위해 그 일을 했는가?' 내가 그 일을 한 이유, 그 깊은 동기를 하나

인생 잠언

님은 보십니다.

하나님이 사랑이 없어서, 능력이 부족해서 그러시는 걸까요? 아닙니다. 사람이 보는 시야의 각도와 하나님이 보시는 시야의 각도가 다릅니다. 하나님은 깊은 곳을 보십니다. 그리고 그분은 나보다 나를 더 잘 아십니다. 그러므로 하나님을 의심하고, 원망하고, 조급해하는 마음을 내려놓아야 합니다. 그분께 맡겨야 합니다.

행사를 맡깁니다

그렇다면 무엇을 맡겨야 할까요?

첫째, '너의 행사'(3절)를 여호와께 맡겨야 합니다. 여기서 '행사'란 'whatever you do' '네가 무엇을 하든지'입니다. 1절의 "말의 응답은 여호와께로부터 나오느니라"에서 보듯이 무엇을 하든지 그 수고의 결과를 하나님께 맡겨야 합니다. 우리는 최선을 다할 뿐 그 결과는 알 수 없습니다. 다만 믿고 가는 것입니다. 우리가 왜 피곤할까요? 일을 많이 하기 때문일까요? 결과에 대한 불안 때문에 피곤합니다. 그러므로 '저는 최선을 다했습니다. 이제 모든 결과는 하나님께 맡기겠습니다' 이런 자세가 필요합니다.

2절의 "사람의 행위가 자기 보기에는 모두 깨끗하여도 여호와는 심령을 감찰하시느니라"에서 보듯이 자기의 의를 하나님께 맡겨야 합니다. 내가 정직하고 의로웠다면 누가 뭐라고 평가하든지 흔들리지 말아야 합니다. 중요한 것은 '하나님이 나를 어떻게 보시느냐'입니다.

"하나님, 제가 보기에는 이것이 옳습니다. 그러나 하나님이 보시기에 아니라면 그 판단도 하나님께 맡기겠습니다."

내 의를 하나님께 맡기라는 것입니다.

사람들은 자기 사정에 대해 자기가 제일 잘 안다고 생각합니다.

'내 사정을 누가 나만큼 알겠어? 내가 원하는 대로 되는 것이 가장 좋은 일이야.'

그래서 기도도 이렇게 합니다.

"하나님, 반드시 이렇게 되어야 합니다. 이렇게 안 되면 정말 안 됩니다."

그러나 하나님이 천지를 창조하셨어요. 나를 지으신 분이 하나님입니다. '나에게 가장 좋은 길을 하나님이 아십니다' 이렇게 맡기는 마음으로 기도하는 것과 '반드시 이렇게 되어야 합니다'라고 기도하는 것은 다릅니다. 예수님도 십자가를 지실 때, "이 잔을 마시지 않게 하소서. 그러나 내 원대로 마시고 아버지의 원대로 하소서" 이렇게 기도하셨습니다.

시험을 보았을 때, 내가 원하는 결과가 나오면 좋겠지요. 그러나 내가 원하지 않는 결과가 나왔더라도 그로 인해 하나님께서 나를 어떻게 인도하실지 아무도 모릅니다. 내 뜻대로 안 된다고 조바심 내고 원망하고 그러지 마십시오. 하나님이 다 알고 계십니다. 다 보고 계십니다. 다 기억하고 계십니다. 그러니 맡기십시오. 다 때가 있습니다. 하나님은 나를 다루는 방법을 나보다 더 잘 알고 계십니다. 내 자녀를 나보다 더 잘 알고 다루십니다. 내 수고의 결과, 내 명예

인생 잠언

는 나보다 나를 더 잘 아시는 하나님께 맡겨야 합니다.

다른 사람들을 맡깁니다

둘째, '다른 사람들'도 하나님께 맡겨야 합니다. 특별히 악한 사람, 내 마음에 들지 않는 사람을 맡겨야 합니다.

'저런 사람을 어디다 쓰나? 없으면 좋겠는데, 하나님은 왜 저런 사람을 가만히 두시나? 내가 왜 저런 사람 만나서 이 고생인가?'

악한 사람을 바라보며 마음이 상해서 하나님을 바라보지 못합니다. 그러나 하나님은 그 사람도 적당하게 사용하십니다. 악인도 필요합니다. 용도가 있습니다. 그 사람을 통해 하나님의 살아 계심을 보여 주려는 것입니다, 긍정적으로든 부정적으로든. 내가 세상을 다스리는 것이 아니라 하나님이 다스리십니다. 그러니까 걱정하지 말고 맡기십시오. 이 사실을 인정하면 엄청난 위로가 됩니다.

> 여호와께서 온갖 것을 그 쓰임에 적당하게 지으셨나니 악인도 악한 날에 적당하게 하셨느니라 잠 16:4

이스라엘 속담에 "하나님은 악인에게서는 영광을 받지 않으신다. 그러나 악인을 통해서는 영광을 받으신다"는 말이 있습니다. 악인은 하나님께 영광을 돌리지 않습니다. 오히려 대적합니다. 그러나 하나님은 악인을 통해서도 영광을 받으십니다. 악인도 하나님의 도구라는 것입니다. 이 사실을 인정하십니까? 악인도 용도가 있는데,

하물며 내가 하나님께 필요한 존재가 아니겠습니까?

역사적으로 바벨론은 이스라엘을 많이 괴롭혔습니다. 이스라엘이 하나님 앞에 바로 섰을 때는 적들이 강해도 이스라엘이 이겼고, 이스라엘이 하나님 앞에 바로 서지 못했을 때는 그들에게 괴롭힘을 당했습니다. 바벨론의 역할은 무엇일까요? 하나님의 진노의 막대기입니다. 이스라엘을 훈련시키는 도구입니다. 그러나 바벨론 사람들은 자기가 잘나서 스스로 강해졌다고 생각했고, 자기들이 이스라엘을 혼내 주었다고 생각했습니다. 그러나 아닙니다. 하나님은 이스라엘을 훈련시키는 도구와 막대기로 그들을 사용하셨습니다.

어느 광산에서 예수를 잘 믿는 광부가 식사 때마다 감사기도를 했습니다. 다른 광부들이 그를 놀렸습니다.

"이 고생을 하면서 밥 한 그릇 먹는 게 뭐가 그렇게 감사하냐? 얼마나 감사하는가 보자."

어느 날 점심시간이 되어 그 광부가 기도하는데 강아지 한 마리가 지나갔습니다. 다른 광부들이 놀리려고 그 사람 도시락을 강아지에게 던져 주었습니다. 기도하고 눈을 떠 보니 강아지가 도시락을 물고 갑니다. 광부는 "내 도시락!" 하면서 강아지를 쫓아갔습니다. 그것을 보고 사람들이 "와!" 하고 놀리며 웃었습니다. 그 사람이 밖으로 나가자마자 "꽝!" 하고 갱도가 무너졌습니다. 기도하는 사람의 도시락을 강아지에게 주는 사람들이 어디에 있습니까? 그런데 그런 사람들의 손을 통해서도 구원하십니다.

교만한 사람은 하나님께 맡기지 않습니다. "하나님이 어디 있냐?

우리가 서로 힘을 합하자. 그래서 우리 뜻을 관철시키자" 하며 하나님의 인도를 거부하고 인정하지 않는 사람들도 있습니다. 그들이 하는 일이 무엇일까요?

> 무릇 마음이 교만한 자를 여호와께서 미워하시나니 피차 손을 잡을지라도 벌을 면하지 못하리라 잠 16:5

교만한 자는 피차 손을 잡고 우리끼리 힘을 모아서 뭐든지 해보자 하며 바벨탑을 쌓습니다. 하지만 결과는 어떻습니까? 하나가 되어 강해지기는커녕 분열되어 뿔뿔이 흩어집니다. 인간의 노력과 연합이 아무리 강해도 하나님의 도우심과 인도하심과 축복이 없으면 성취될 수 없습니다. 결국 자기 꾀에 자기가 넘어갑니다.

> 인자와 진리로 인하여 죄악이 속하게 되고 여호와를 경외함으로 말미암아 악에서 떠나게 되느니라 잠 16:6

우리는 '저 사람은 나쁜 사람이야. 저 사람은 망해야 해' 하고 이미 그 사람을 판단하고 심판합니다. 그러나 하나님은 그렇지 않습니다. 그들이 교만하다면 손을 잡아도 망할 것이고, 그 사람이 돌아온다면 인자와 진리로 맞아 주십니다. 이렇듯 하나님은 각 사람을 향한 계획을 다 갖고 계십니다. 그러므로 그 사람 때문에 내가 원망하면 안 됩니다. 다만 여호와를 경외하는 마음으로 그들을 맡겨야 합니다. 그러면 악에서 떠나게 됩니다.

> 사람의 행위가 여호와를 기쁘시게 하면 그 사람의 원수라도 그와 더불어
> 화목하게 하시느니라 잠 16:7

무슨 말입니까? 원수를 보면서 이를 갈지 말고 내가 하나님 앞에 바로 서면 하나님께서 처리하시겠다는 말입니다. 내가 하나님 앞에 바로 서면 원수가 내게 와서 "우리 친하게 지냅시다" 하고 말하도록 하나님께서 해주신다는 것입니다. 이것이 승리입니다. 원수를 밟고 심판하고 망하게 하는 것만이 승리가 아닙니다. 그 원수가 나를 존경하고 내게 와서 "같이 잘 지내자" 이렇게 만드는 것이 참된 승리입니다.

이것이 이스라엘 역사의 간증입니다. 이스라엘이 하나님 앞에 바로 섰을 때는 나라가 부강해졌고 원수들이 하나님의 손길을 느끼고 '이스라엘과 잘 지내야겠다'고 여겼습니다. 하지만 하나님 앞에 바로 서지 못했을 때는 원수가 달려들어 괴롭혔습니다. 원수를 다루는 방법이 어디에 있을까요? 하나님께 있습니다. 원수는 하나님께 맡겨야 합니다.

재정도 맡깁니다

마지막으로 무엇을 맡겨야 할까요? '돈 문제'도 하나님께 맡겨야 합니다. 우리는 어떡하든 돈을 벌고 싶어 하지만, 더 벌지 아닐지는

하나님께 달려 있습니다. "적은 소득이 공의를 겸하면 많은 소득이 불의를 겸한 것보다 나으니라"(8절)고 말씀하십니다. 그렇기에 소득 자체에 집착하면 안 됩니다. 소득이 적더라도 의롭게, 사랑하고 감사하며 살아가려는 모습이 중요합니다. 그러다 보면 더 벌 수도 있고, 또 못 벌 수도 있습니다. 하지만 어떤 상황이든 하나님께서 책임져 주십니다.

내 소득, 내 물질을 하나님께 맡기고 우리는 다만 열심히 일하고, 감사하며 살면 됩니다. 많이 벌어도 많이 새나가면 그만입니다. 적게 벌어도 하나님이 채우시면 부족함이 없습니다. 불의하게 많이 번다고 남는 것도 아니고 내 것이 되지도 않습니다. 정직하게 열심히 살면 됩니다. 하나님께서 어떤 방법으로든지 부족한 부분을 채워 주십니다.

하나님께 완전히 맡기는 용기

어떤 나룻배에 몇 사람이 탔는데 사공은 나이 많은 노인입니다. 물살이 세서 배가 똑바로 가지 못하고 빙빙 돌면서 천천히 나가자 타고 있던 한 사람이 겁이 났습니다. "여보시오, 노인장!" 하고 사공을 불렀습니다.

"왜 그러시오?"

"몇 년 동안이나 사공 노릇을 했소?"

"평생 이 일을 했습니다."

"그동안 사고는 없었소?"

"여긴 위험한 곳입니다. 그래도 아직까지는 없었습니다."

이 사람이 겁이 더 나서 벌벌 떨며 이래라저래라 말이 많아졌습니다. 참다못해 사공이 한마디 했습니다.

"여보시오, 손님! 당신 노 저을 줄 아시오?"

"모릅니다."

"그러면 입 다물고 있어요. 노는 내가 저으니까. 손님이 죽으면 나도 죽어요. 그런데 나는 아직 죽고 싶은 생각이 없소!"

겁쟁이는 그제야 조용해졌습니다.

노를 저을 줄 모르면, 두려움과 걱정은 잔소리밖에 되지 않습니다. 어차피 내 힘으로 살지 못한다면, 깨끗이 맡겨 버리면 됩니다. 행사도, 사람도, 재물도 말입니다. 하나님이 내 인생의 사공이 되어 주시기 때문입니다. 하나님께서 아름답게 노 저어 우리의 인생을 인도하실 것입니다. 성경은 분명히 말씀하고 있습니다.

사람이 마음으로 자기의 길을 계획할지라도 그의 걸음을 인도하시는 이는 여호와시니라 잠 16:9

1. 성공에 있어서 나의 노력은 얼마나 중요할까요? 어디까지가
   내 노력이고, 어디까지가 은혜일까요?

2. 나는 어떤 것들을 하나님께 맡겨야 할까요? 혹시 내가 하나
   님께 맡기지 못한 것이 있다면 어떤 것이고, 왜 그렇게 하지
   못할까요?

3. 하나님께 맡겼을때, 내 생각과 다른 결과가 나온 적이 있나
   요? 그 결과가 나에게 더 좋은 방향으로 풀렸던 적이 있다면
   어떤 것이었나요?

함께
기도하기

"너의 행사를 여호와께 맡기라
그리하면 네가 경영하는 것이 이루어지리라"고 말씀하신 하나님!
우리 인생길을 하나님께서 인도하심을 믿습니다.
모든 것을 다 내 틀로 바라보면서
분노하고, 조급해하고, 원망하며 살지 말고,
최선을 다해 살되 기도하며
합력하여 선을 이루시는 하나님을 바라보며 살게 하소서.
그래서 평안하고 자유로운 마음으로 살게 하소서.

10 하나님의 말씀이 왕의 입술에 있은즉 재판할 때에 그의 입이 그르치지 아니하리라

11 공평한 저울과 접시 저울은 여호와의 것이요 주머니 속의 저울추도 다 그가 지으신 것이니라

12 악을 행하는 것은 왕들이 미워할 바니 이는 그 보좌가 공의로 말미암아 굳게 섬이니라

13 의로운 입술은 왕들이 기뻐하는 것이요 정직하게 말하는 자는 그들의 사랑을 입느니라

14 왕의 진노는 죽음의 사자들과 같아도 지혜로운 사람은 그것을 쉬게 하리라

15 왕의 희색은 생명을 뜻하나니 그의 은택이 늦은 비를 내리는 구름과 같으니라

16 지혜를 얻는 것이 금을 얻는 것보다 얼마나 나은고 명철을 얻는 것이 은을 얻는 것보다 더욱 나으니라

17 악을 떠나는 것은 정직한 사람의 대로이니 자기의 길을 지키는 자는 자기의 영혼을 보전하느니라

18 교만은 패망의 선봉이요 거만한 마음은 넘어짐의 앞잡이니라

19 겸손한 자와 함께 하여 마음을 낮추는 것이 교만한 자와 함께 하여 탈취물을 나누는 것보다 나으니라

20 삼가 말씀에 주의하는 자는 좋은 것을 얻나니 여호와를 의지하는 자는 복이 있느니라

10

듣는 마음이
있습니까?

이카로스의 날개

그리스 신화 중에 '이카로스의 날개' 이야기가 있습니다. 이카로스의 아버지 다이달로스는 아주 뛰어난 건축가이며 발명가였습니다. 그런 그에게 어느 날 크레타 왕이 한 번 들어가면 절대로 나올 수 없는 미궁을 만들어 달라고 부탁했습니다. 그런데 미궁이 완성되자, 왕이 그 성의 비밀을 자기만 알고 싶어서 다이달로스와 이카로스를 그 성에 가두어 버립니다. 다이달로스는 바다 한가운데에 있는 미궁을 탈출하기로 결심하고 방법을 찾다가, 어느 날 하늘을 나는 새를 보면서 날개를 만들기로 결심합니다. 그래서 새들의 깃털을 주워 모아 실로 엮고, 밀랍을 발라 날개를 만들었습니다. 다이달로스는 아들 이카로스에게도 날개를 가지고 나는 방법을 연습시켰습니다.

"너무 높이 날면 태양의 열에 의해 밀랍이 녹으니 너무 높이 날지 말고, 너무 낮게 날면 바다의 물기에 의해 날개가 무거워지니 항상

하늘과 바다의 중간으로 날아야 한다."

　다이달로스는 이카로스에게 단단히 주의를 주었습니다. 그렇게 연습을 충분히 한 뒤 다이달로스와 이카로스는 마침내 날개를 치며 하늘로 날아올랐습니다. 그리고 탈출에 성공했습니다. 그런데 아들 이카로스는 자유롭게 되자 너무 기뻐서 그만 아버지의 말을 잊고 너무 높게 날아올랐습니다. 그러자 태양의 뜨거운 열에 의해 깃털을 붙였던 밀랍이 녹게 되었고, 이카로스는 날개를 잃고 바다에 떨어져 죽고 말았습니다.

　이 신화는 인간의 끝없는 욕망에 대해 경고하고 있습니다. 어떻게 날아야 하는지 정확하게 알려 준 아버지의 말을 무시하고, 가능한 것보다 더 높이 날아오른 결과는 파멸이었습니다. 이 신화에서 나온 유명한 말이 있습니다.

　"추락하는 것은 날개가 있다."

　여기서 날개란 현실에 만족하지 않고 더 높은 곳을 향해 날아오르려는 인간의 몸부림을 의미합니다. 날개가 있어서 올라갈 수도 있지만 잘못하면 그것 때문에 추락할 수도 있다는 것입니다.

　높이 올라가려는 것은 모든 인간의 욕망입니다. 그러나 높아질수록 위험해집니다. 날개가 높이를 감당하지 못하는 상황이 되면 결국 추락하기 때문입니다. 하늘 높은 줄 모르고 올라가다가 갑자기 추락하는 것을 '이카로스의 추락'이라고 합니다. 그러니까 너무 높아지려는 욕망에 사로잡히지 말아야 하고, 자신이 감당할 수 있는 한계를 넘어 더 높은 자리를 탐내면 추락할 위험이 크다는 걸 명심

　　　　　　　　　　　　　　　　　　　인생 잠언

해야 합니다.

잘 다스리는 방법

이번 장의 주제는 '왕은 나라를 어떻게 다스려야 하는가?'입니다. 쉽게 말하면, 정치를 어떻게 해야 하는가, 왕이라면 어떻게 해야 왕권을 견고히 할 수 있는가, 신하라면 어떻게 해야 왕의 신임을 얻고 그 밑에서 살아남을 수 있는가가 주제입니다. 요즘 말로 바꿔 말하면, '어떻게 해야 주신 복을 잘 이어 갈 수 있는가'입니다. 잘나가다가 넘어지지 않으려면 어떻게 해야 할까요?

첫째, 왕에게 필요한 것이 무엇일까요? '하나님의 말씀'이 있어야 합니다("하나님의 말씀이 왕의 입술에 있은즉 재판할 때에 그의 입이 그르치지 아니하리라" 10절). 옛날의 왕들은 절대 권력을 가지고 있었습니다. 그렇다고 자기 마음대로 하면 될까요? 아닙니다. 왕이 붙잡아야 할 더 높은 원칙이 있습니다. 바로 법입니다. 재판 결과에 따라 사람이 살기도 하고 죽기도 합니다. 이것을 자기 맘대로 해서는 안 됩니다. 법적 근거가 분명해야 합니다. 법이란 무엇일까요? 인간에게 주어진 신성한 권리를 보호하고 질서를 잡아 가는 것입니다. 하나님이 인간에게 인권을 주셨습니다. '천부인권설'입니다. 그것을 지키는 것이 법입니다. 그러므로 법의 계통도를 보면 일반법은 율법에서 나옵니다. 법학은 신학에서 나옵니다.

이스라엘 야사에 전해지는 이야기입니다. 왕이 재판을 해야 하는데, 해결하기가 어려웠습니다. 마음이 답답해서 제사장을 찾아갔습니다. 제사장이 왕의 얼굴을 보고 묻습니다.

"무슨 힘든 일이라도 있으십니까?"

"중요한 재판을 해야 하는데 이렇게 판결하면 아무개가 치명타를 입고, 저렇게 판결하면 아무개가 실망할 것 같다. 어찌하면 좋을꼬?"

그러자 제사장이 말했습니다.

"왕이여, 하나님의 말씀대로 하소서. 왕의 위에 하나님이 계십니다. 왕은 하나님의 심부름꾼입니다. 이것을 잊지 마소서."

그렇게 해서 백성도 살고 왕도 살았다고 합니다. 재판은 그 문제에 관한 하나님의 뜻을 나타내는 것입니다. 그러므로 하나님의 뜻에 맞게 재판해야 합니다. 하나님의 말씀에 근거해서 재판을 하라는 것입니다.

요즘으로 적용해 본다면 이렇습니다. 지도자에게는 권력이 있습니다. 권력은 커야 좋습니다. 효율성이 높아지기 때문입니다. 그러나 자기 맘대로 하는 것이 아닙니다. 더 높은 것이 있습니다. 법이 있습니다. 최고 통치자도 그 법을 따라야 합니다. 왕도 법을 따라야 하는 것입니다.

그다음에는 무엇을 해야 할까요?

공평한 저울과 접시 저울은 여호와의 것이요 주머니 속의 저울추도 다 그가 지으신 것이니라 잠 16:11

옛날에는 장사꾼들이 여러 개의 추를 가지고 있었습니다. 살 때는 가벼운 추를 사용하고, 팔 때는 무거운 추를 사용합니다. 그러니 경제 질서가 문란했습니다. 분명히 시장에서는 한 근을 사왔는데, 집에 와보니 한 근이 못됩니다. 이렇게 되면 백성의 삶이 고단해집니다. 어느 왕이 물었습니다.

"왕이 백성을 위해 해야 할 가장 기본적인 일이 무엇인가?"

지혜로운 신하가 대답했습니다.

"저울추를 바르게 하여 백성의 살림을 공평하게 하고, 상거래를 회복하는 것입니다."

상도덕을 바로 세우고, 경제활동을 회복시켜야 합니다. 이런 일은 너무 사소한 것 아닐까요? 이런 것 한다고 뭐가 달라질까요? 나라를 다스리려면 뭔가 더 큰일을 해야 하지 않을까요? 전쟁을 해서 땅을 차지하고, 적들을 물리치는 거창한 일을 해야 하는 것 아닐까요? 그래야 제대로 나라를 다스리는 것 같고, 위대한 왕이 아닐까요? 아닙니다. 보좌는 공의로 말미암아 굳게 서는 것입니다(12절). 왕의 보좌, 권력의 유지가 총이나 칼로 되는 것 같지만 그렇지 않습니다. 공의로울 때 왕의 보좌가 유지될 수 있습니다. 먼저 왕 자신이 법을 잘 지키고, 물가를 잡아 공정한 상거래가 이루어지도록 해서 백성의 삶을 돌봐야 하는 것입니다. 그럴 때 왕의 보좌는 안전해집니다.

공의를 세울 때 어째서 왕권이 견고해질까요? 정치의 목적은 하나님의 공의를 현실에서 이행하는 것입니다. 기본적으로 권력은 하나님이 임명한 것입니다. 그러므로 백성은 권력을 부정해서는 안 되며, 권력에 대해 두려운 마음을 가져야 합니다. 이것이 질서입니다. 백성이 질서의식을 가질 때 왕은 위엄(dignity)을 가지게 됩니다. 이것이 왕권의 기초입니다. 백성이 왕을 믿고 따르려는 마음, 이것을 누가 주겠습니까? 하나님이 주십니다. 언제 주십니까? 왕이 하나님의 말씀을 붙잡고, 공의로운 길을 따를 때입니다. 그럴 때 백성의 마음이 왕에게로 모아집니다.

왕의 최고 관심사는 '어떻게 하면 왕권이 견고해지고, 어떻게 하면 권력을 오래 유지할 수 있는가'입니다. 여기에는 다른 방법이 없습니다. 다만 공의를 세우면 됩니다. 원칙과 질서를 따르고 법을 잘 지키는 것입니다. 시장 질서를 회복시키는 것입니다.

그렇다면 신하는 어떤 사람이어야 할까요? 의로운 말과 정직한 말을 해야 합니다("의로운 입술은 왕들이 기뻐하는 것이요 정직하게 말하는 자는 그들의 사랑을 입느니라" 13절). 지도자는 그런 말을 기뻐하고 사랑해야 합니다. 옳은 말을 했다는 이유로 미워하고 죽이려 한다면 그 왕은 나쁜 왕입니다. 왕이라면 아첨하는 자를 멀리하고, 의롭고 정직한 말을 기쁘게 받아들여야 합니다.

또한 악을 떠나야 합니다. 불의한 것을 탐하지 않고, 정직할 때 대로가 열립니다. 자기의 길을 지키는 것, 자기의 임무에 충실하고 이탈하지 않는 것, 그것이 생명을 보전하는 길입니다("악을 떠나는 것은 정직한 사람의 대로이니 자기의 길을 지키는 자는 자기의 영혼을 보전하느니라" 17절).

버림받지 않으려면

왕은 권력을 어떻게 사용해야 할까요? '겸손하게' 사용해야 합니다. 공의와 겸손, 두 가지가 있으면 권력은 견고하고 흔들리지 않습니다. 그러나 이 두 가지가 없으면 어떤 방법으로도 권력을 유지할 수 없습니다("교만은 패망의 선봉이요 거만한 마음은 넘어짐의 앞잡이니라" 18절).

역사적으로 비참한 최후를 맞이한 황제들이 많습니다. 그들이 권력이 없어서 그런 최후를 맞았을까요? 아닙니다. 그들은 엄청난 권력을 누렸습니다. 군대도 강하고, 법도 엄격했습니다. 문화도 발달했습니다. 그런데 왜 망했습니까?

두 가지 문제 때문이었습니다. 첫째는 왕이 불의한 일을 했기 때문입니다. 원칙도 없고, 제멋대로 폭정을 했습니다. 공의를 잃은 것입니다. 둘째는 왕 스스로가 신격화되었기 때문입니다. 지혜가 흐려져 해서는 안 되는 일들을 행했습니다. 그 시작은 교만입니다. 결국 불의하고 교만해지면 끝나는 것입니다.

총애를 받던 신하들은 왜 버림을 받을까요? 왜 그 자리에서 제거되었을까요? 재물을 탐내고 불의한 일을 하거나, 겸손히 자기 위치를 지키지 않고 너무 커졌을 때 버림을 당합니다. 신하가 적당한 권력 이상의 것을 탐내면 제거됩니다. 이것을 모르고 날뛴다면 가만두지 않습니다. 그래서 왕에게도, 신하에게도 공의와 겸손이 있어야 합니다.

공의롭고 겸손한 삶, 아무 재미도 없을 것 같지 않나요? 아닙니다. 공의롭고 겸손하게 살 때 큰 기쁨이 있습니다. 이 세상에서 가장 큰 기쁨이 무엇일까요? 두 가지가 있는데, 자연적으로는 추수하는 기쁨입니다. 1년 동안 애써 농사를 지었습니다. 논밭에 가득하게 곡식이 익었습니다. 그것을 추수할 때 얼마나 행복하겠습니까?

또 하나는 전쟁에 나가서 승리하고 전리품을 나누는 기쁨입니다. 옛날로 돌아가서 생각해 봅시다. 전쟁이 났습니다. 살지 죽을지 전혀 모릅니다. 진다면 죽거나 노예로 잡혀가야 합니다. 인생이 끝나는 것입니다. 다행히 싸워 이겼습니다. 살아남았다는 감격, 온 가족이 뿔뿔이 흩어져서 노예로 팔리지 않을 수 있다는 감격으로 너무 기쁩니다. 그뿐인가요? 전리품도 얻습니다. 더욱이 적국의 백성들을 포로로 잡아 종으로 삼을 수 있습니다. 그 종들이 자식을 낳으면 그들까지 나의 노예가 됩니다. 전리품을 나누는 기쁨이란 이렇듯 여러 의미가 담겨 있습니다.

그런데 말입니다. 이것보다 더 큰 기쁨이 있는데, 바로 겸손할 때입니다. 겸손한 마음에 하나님이 기쁨을 주십니다.

19절에서 재미있는 말이 있습니다.

겸손한 자와 함께하여 마음을 낮추는 것이 교만한 자와 함께하여 탈취물을 나누는 것보다 나으니라 잠 16:19

무슨 뜻일까요? 아무리 기쁨이 커도 교만한 자와 함께라면 소용이 없다는 의미입니다. 교만함 속에는 이미 기쁨이 없습니다. 평안함이 없습니다. 내가 겸손한가, 아닌가는 기쁨과 평안이 있는가 없는가를 보면 알 수 있습니다. 겸손함 속에 행복이 있습니다. 그러니까 교만해지면 안 됩니다. 왜냐하면 교만은 패망의 선봉이기 때문입니다(18절). 교만은 망함의 징조입니다.

겸손과 공의, 모두를 잡으려면

마지막으로, 어떻게 해야 겸손을 유지하면서 공의를 펼칠 수 있을까요?

> 삼가 말씀에 주의하는 자는 좋은 것을 얻나니 여호와를 의지하는 자는 복이 있느니라 잠 16:20

삼가 하나님의 말씀에 주의해야 합니다. 하나님과 내가 직접 대면하는 바른 자세를 취하라는 것입니다. 주위 상황에 너무 민감할 필요가 없습니다. 다른 사람이 이렇게 살든 저렇게 살든 상관없습니다. 나와 하나님의 관계가 중요합니다. 하나님의 음성에 귀를 기울이는 것이 중요합니다. 말씀에 주의를 집중하고 귀를 기울여 들어야 합니다. 왜 들리지 않을까요? 하나님이 멀기 때문에? 아닙니다. 내 마음이 교만하기 때문입니다.

영성 신학자 글렌 힌슨(Glenn Hinson)은 현대인들이 하나님의 음성을 듣지 못하는 이유가 두 가지 있다고 했습니다. 첫째는 'too busy', 너무 바쁘기 때문입니다. 일에 몰두하고 업적주의에 빠져서 생각하고 뛰는 것이 아니고 뛰면서 생각합니다. 바쁜데 왜 바쁜지도 모르고, 뛰는데 왜 뛰는지도 모릅니다. 그러니 하나님의 음성이 들릴 리 없습니다. 둘째는 'too noisy', 너무 시끄럽기 때문입니다. 주변에 너무 많은 소리가 있습니다. 볼 것이 너무 많습니다. 조용히 하나님을 만나야 하는데, 너무 바쁘고 너무 소란합니다. 그래서 말씀이 들리지 않습니다.

그런데 하나님의 말씀이 들리지 않는다는 것은 무슨 의미일까요? '심판'입니다. 이미 내 마음이 교만해진 것입니다. 내가 하나님 없이는 살 수 없다고 확실하게 고백하면 그 말씀에 귀를 기울이게 되어 있습니다. 기도할 때, 성경을 볼 때, 설교를 들을 때, 하나님의 음성이 들리지 않는다면 이미 내 마음이 너무 분주하고, 너무 소란한 것입니다.

어떻게 해야 할까요? 삼가 말씀에 주의를 집중해야 합니다. 교만은 패망의 선봉이요, 거만은 넘어짐의 앞잡이라고 했습니다. 교만하면 망합니다. 말씀에 주의를 집중하지 못하면 점점 더 교만해집니다. 많은 사람이 패망은 싫어하면서 교만은 즐깁니다. 작은 성공 때문에 마음이 교만해지면 안 됩니다.

"내가 네게 무엇을 줄까?"라는 하나님의 질문에 솔로몬은 이렇게 대답합니다.

"지혜를 주소서."

원어로는 '레브 쇼메아' 즉, '듣는 마음'(hearing heart)을 달라고 한 것입니다.

인생 잠언

그러자 하나님은 매우 기뻐하며 지혜를 주실 뿐 아니라 그가 구하지 않은 것까지 모두 주셨습니다.

이것이 과거의 왕과 신하들에게만 주신 말씀일까요? 아닙니다. 우리 모두에게 주신 말씀입니다. 분주하고 소란한 마음을 내려놓고, 삼가 말씀에 주의를 기울이며, 그 말씀의 힘으로 공의와 겸손을 회복해야 합니다. 그때 하나님이 주신 내 삶의 현장에서 복이 이어질 것입니다.

함께
이야기하기

1. 어떤 자리가 주어졌을 때, 하나님께 구해야 하는 것은 어떤
   것들일까요?

2. 겸손하고, 공의롭게 행동하고자 할 때 방해물은 무엇일까요?

3. 하나님의 음성을 듣지 못하는 이유는 무엇입니까?

"하나님의 말씀이 왕의 입술에 있은즉 재판할 때에
그의 입이 그르치지 아니하리라" 말씀하신 하나님!
잘나가다가 넘어지는 이유는 공의와 겸손을 잃었기 때문입니다.
어떻게 하면 주신 복을 잘 이어 갈 수 있을지
생각하며 공의와 겸손을 잘 유지하게 하소서.
하나님의 말씀이 있을 때
우리 인생이 잘못되지 않을 수 있음을 믿습니다.
하나님 말씀에 귀를 기울이고,
그 말씀을 붙들고 살게 하소서.

잠 17:1-8

1 마른 떡 한 조각만 있고도 화목하는 것이 제육이 집에 가득하고도 다투는 것보다 나으니라
2 슬기로운 종은 부끄러운 짓을 하는 주인의 아들을 다스리겠고 또 형제들 중에서 유업을 나누어 얻으리라
3 도가니는 은을, 풀무는 금을 연단하거니와 여호와는 마음을 연단하시느니라
4 악을 행하는 자는 사악한 입술이 하는 말을 잘 듣고 거짓말을 하는 자는 악한 혀가 하는 말에 귀를 기울이느니라
5 가난한 자를 조롱하는 자는 그를 지으신 주를 멸시하는 자요 사람의 재앙을 기뻐하는 자는 형벌을 면하지 못할 자니라
6 손자는 노인의 면류관이요 아비는 자식의 영화니라
7 지나친 말을 하는 것도 미련한 자에게 합당하지 아니하거든 하물며 거짓말을 하는 것이 존귀한 자에게 합당하겠느냐
8 뇌물은 그 임자가 보기에 보석 같은즉 그가 어디로 향하든지 형통하게 하느니라

11

마음을 연단하시는 하나님

지혜는 타고나는 게 아니라 만들어집니다

잠언은 크게 두 부분으로 나뉩니다. 1-9장과 10-31장입니다. 1-9장은 신학화된 지혜입니다. 주제는 '하나님을 경외하는 것이 지혜의 근본이다'입니다. 반면, 10-31장은 일반 지혜입니다. 주제는 '이 세상에서 지혜롭게 살아야 한다'입니다. 순서상으로 보면 뒷부분이 먼저 기록된 것입니다. 그러나 모든 지혜는 하나님으로부터 온 것이고, 하나님을 아는 것이 무엇보다 소중하기 때문에 수직적인 지혜를 앞에 두고, 수평적인 지혜를 뒷부분에 편집했습니다. 그래서 두 내용을 합치면 '하나님을 경외하고(1-9장), 지혜롭게 살아야 한다(10-31장)' 이것이 잠언 전체의 내용입니다.

잠언에서 강조하는 것이 지혜인데, 그렇다면 어떻게 지혜를 갖게 될까요? '지혜'란 그냥 생기는 것이 아니고, 어떤 과정을 통하여 생겨난다고 말씀합니다.

도가니는 은을, 풀무는 금을 연단하거니와 여호와는 마음을 연단하시느니라 잠 17:3

도가니는 금속을 녹일 때 사용하는 커다란 그릇입니다. 풀무는 용광로입니다. 광산에서 보석을 캐냅니다. 하지만 아직 보석은 아니고 원석일 뿐입니다. 원석에서 불순물을 제거해야 보석이 되는 것입니다. 도가니로는 은을, 풀무로는 금을 연단하여 얻습니다. 그렇다면 금보다 귀한 지혜는 어떻게 얻을 수 있을까요? 마찬가지입니다. 연단이 필요합니다.

이번 장은 지혜와 연단의 관계 대해서 알아보고자 합니다. 우리가 연단에 대해 알아야 할 것이 세 가지인데, '하나님은 왜 우리를 연단하시는가?' '연단은 어떤 방법으로 이루어지는가?' '연단은 누구에게 있는가?'가 그것입니다.

연단의 목적

하나님은 왜 우리를 연단하실까요? 연단의 목적이 무엇일까요? 사랑하지 않아서, 나를 버렸기 때문일까요? 아닙니다. 쇠가 미워서 때립니까? '기대'와 '소망'이 있기 때문에 때립니다. 목적과 방향이 있기 때문입니다. 깨끗하고 순도가 높은 보석을 얻기 위해서, 아주 강한 강철을 얻기 위해서 연단을 합니다.

연단과 관련해 중요한 성경 구절 세 곳이 있는데, 살펴보면 큰 힘이 될 것입니다.

인생 잠언

> 그러나 내가 가는 길을 그가 아시나니 그가 나를 단련하신 후에는 내가 순
> 금같이 되어 나오리라 욥 23:10

하나님이 우리를 연단하시는 목적은 우리를 순금으로 만들기 위
해서입니다.

> 너희 믿음의 확실함은 불로 연단하여도 없어질 금보다 더 귀하여 예수 그
> 리스도께서 나타나실 때에 칭찬과 영광과 존귀를 얻게 할 것이니라 벧전 1:7

주님 만나는 그날에 칭찬과 영광과 존귀를 얻게 하려는 것입
니다.

> 네 하나님 여호와께서 이 사십 년 동안에 네게 광야 길을 걷게 하신 것을
> 기억하라… 너를 낮추시며 너를 주리게 하시며 또 너도 알지 못하며 네 조
> 상들도 알지 못하던 만나를 네게 먹이신 것은 사람이 떡으로만 사는 것이
> 아니요 여호와의 입에서 나오는 모든 말씀으로 사는 줄을 네가 알게 하려
> 하심이니라… 마침내 네게 복을 주려 하심이었느니라 신 8:2, 3, 16

하나님은 이스라엘 백성에게 젖과 꿀이 흐르는 땅을 약속해 놓고
왜 그곳으로 가는 과정에 광야 길을 놓으셨을까요? 광야라는 연단
을 주신 이유는 '마침내' 결국에는 '복을 주시기 위해서'입니다. 그
연단 과정은, 첫째, '낮추는 것'입니다. 겸손하게 만드는 것입니다.

뻣뻣했던 사람을 부드럽게 만드는 것입니다. '나는 아무것도 아니구나'라고 자기의 실상을 알게 하는 것입니다. 둘째, 어려운 가운데서도 필요한 것을 공급하는 것입니다. 그래서 힘에 겨우면서도 근근이 살아가게 됩니다. 셋째, 결국 '나는 하나님 없이는 살 수가 없다'는 고백을 하게 만드는 것입니다.

그러니까 연단의 목적은 세상이 아니라 하나님을 바라보게 하려는 것입니다. 세상에 볼 것도 많고 좋은 것도 많아서 그것을 보느라고 정신이 없는데, 모두 치우고 그것들을 주신 하나님을 보게 합니다. 작은 것을 거두고 큰 것을 주기 위해서, 일시적인 것을 거두고 영원한 것을 주기 위해서, 하나님은 우리를 연단하십니다.

잠언 17장 3절에서 연단의 목적이 암시되어 있습니다. 도가니와 풀무에서 금이나 은을 녹이고, 달구고, 그것을 망치로 때립니다. 그러면 불순물이 빠지고 분자의 결합이 치밀해지면서 강철이 됩니다. 순도가 높은 보석이 되는 것입니다. 그러므로 연단은 우리의 인격과 신앙을 견고하게 만드는 것입니다. 더 간단하게 말하면, 하나님의 선물에 만족하는 것이 아니라, 하나님 자신을 주시려는 것입니다. 그래서 연단을 받은 후에는 어떻게 됩니까? 주님으로 만족하는 아름다운 영혼이 됩니다!

"나는 연단이 싫어. 이대로 편하게 살고 싶어."

맞습니다. 이 세상이 전부라면. 그러나 이 세상은 지나가는 과정일 뿐입니다. 더 중요한 것은 영원한 세계입니다. 그 나라에 합당한 사람이 되게 하려는 연단은 영원의 각도에서 생각하면 너무나 큰

인생 잠언

은혜이며 축복입니다.

연단의 과정

연단은 어떤 방법으로 이루어질까요? 사람마다 다릅니다. 하나
님은 그 사람에게 가장 적절한 방법으로 연단하십니다. 그 방법은
인간의 한계상황, 쉽게 말하면 고난을 통해 이루어집니다. 그 고난
이 사람을 통해서 오기도 합니다. 다윗은 사울을 통해 엄청난 연단
을 받았습니다. 질병이나 경제문제를 통해서 오기도 하고, 다양한
환경을 통해서도 옵니다.

그러면 연단은 특정한 사람에게만 찾아올까요? 아닙니다. 모두
에게 찾아옵니다. 특별히 어떤 목적을 위해 더 많은 연단을 받을 필
요가 있는 사람이 있을 뿐, 하나님께 쓰임 받는 사람은 반드시 연단
을 거칩니다. 그 연단의 과정이 힘이 들기도 합니다. 그러나 그 과
정이 없이는 어느 누구도 합당한 그릇이 되지 못합니다. 어미 독수
리에게 연단받지 않은 새끼 독수리는 새의 왕이 될 수 없으며, 결국
누군가에게 잡아먹히고 맙니다. 그러므로 하나님이 원하시는 그 상
태, 하나님이 원하시는 그 사람이 되기 위해서는 반드시 연단이 필
요합니다.

전에 제가 너무 힘이 들어서 이렇게 기도한 적이 있습니다.

"하나님, 너무 힘이 듭니다. 저같이 아무 쓸모없는 사람을 어째서
이렇게 주목하여 연단하십니까?"

그때 저는 분명히 하나님의 음성을 들었습니다.

"내가 너를 얼마나 공들여 훈련시키고 있는데, 내가 너에게 투자한 것이 얼마나 많은데 네가 쓸모없다는 것이냐? 너는 쇠가 고통당한 것만 생각하느냐? 대장장이는 힘들지 않은 줄 아느냐? 대장장이의 수고는 생각하지 않느냐? 내가 너와 함께 울었고, 너와 함께 아파했고, 너를 바라보며 기대하고 있느니라."

그 순간 어릴 때 대장간에서 보았던 장면이 떠올랐습니다. 풀무불의 온도는 1000℃가 넘습니다. 그 온도를 만들기 위해서는 풀무 앞에서 계속 바람을 넣어 주어야 하는데, 보통 힘든 것이 아닙니다. 그것만이 아닙니다. 불에 달군 쇠막대를 꺼내야 하는데 얼굴에 화상을 입기 십상이라 철 마스크를 써야 합니다. 그런 다음 모루 위에 놓고 해머로 두들겨야 합니다. 소금을 먹고, 찬물을 끼얹어 가며 두드립니다. 엄청난 땀을 흘립니다. 하나님께서 나 같은 사람 하나 훈련하기 위해 얼마나 애를 쓰시는지, 거룩한 백성을 만드는 것이 얼마나 어려운지, 대장간의 모습을 떠올리며 깊이 이해하게 되었습니다.

지혜란, 금보다 귀한 믿음이란 거저 얻어지는 것이 아닙니다. 이렇게 연단을 통해서 조금씩 얻어지는 것입니다.

화목하지 못하는 이유

지혜로운 사람은 무엇을 중요하게 여길까요? 화목을 중요시합니다("마른 떡 한 조각만 있고도 화목하는 것이 제육이 집에 가득하고도 다투는 것보다 나으니라" 1절). 거기에 행복이 있기 때문입니다. 행복이 돈이나 명예나 권력에 있다고 생각하나요? 그럼 아직 철없는 사람입니다. 행복은 화목 속에 있는 것입니다. 이것을 아는 이가 지혜로운 사람입니다.

두 가정이 있습니다. 한 가정은 아주 가난합니다. 어느 정도로 가난하냐면 마른 떡 한 조각밖에는 없습니다. 그런데 그 떡을 서로 먹으라고 권합니다.

"당신이 나가서 일해야 하니 당신이 드세요."

"아냐, 살림하고 애들 키우느라 고생하는 당신이 먹어야지."

"한참 자라는 우리 큰아들 줍시다."

"아니에요, 어린 동생에게 주세요."

이렇게 해서 마른 떡 한 조각이 남은 것입니다. 가진 것은 없지만 화목한 가정입니다.

또 다른 가정은 제육이 가득한데도 다툽니다. 제육이란 '제사를 드린 고기'입니다. 당시에 고기는 일상적으로 먹는 음식이 아니라 제사 때나 먹는 것이었습니다. 냉장고가 없었던 만큼 보관할 방법이 없으니 고기가 가득하다는 것은 고기를 막 잡았다는 뜻입니다. 더구나 고기를 모두 태우는 번제가 아니라 고기를 남겨서 제사 드리는 사람에게 주는 화목제를 드린 직후였을 것입니다. 화목제는 고기의 일부는 태우고 일부는 남겨서 사람들과 나눠 먹으며 화목하라는 의미가 있는 제사입니다. 그런데 이 가정은 화목제를 드린 뒤 고기를 나눠 먹으면서도 화목하지 않았습니다.

오늘날로 이해하자면, 교회도 다니고, 예수를 잘 믿으려고 애쓰며, 물질도 넉넉한 가정인데, 화목이 없는 것입니다. 신앙은 좋은데 화목하지 않은 가정이 많습니다. 어떻게 하면 화목할 수 있을까요? 화목의 방법은 하나뿐입니다.

> 곧 우리가 원수 되었을 때에 그의 아들의 죽으심으로 말미암아 하나님과 화목하게 되었은즉 화목하게 된 자로서는 더욱 그의 살아나심으로 말미암아 구원을 받을 것이니라 롬 5:10

자격 없는 자를 위해 예수님이 화목제물로 죽으셨기 때문에 화목이 이루어졌습니다. 그리스도인의 별명이 뭔지 아십니까? '화목하게 된 자'입니다.

그런데 '화목하게 된 자'들이 모여 사는데 화목하지 않습니다. 왜 그럴까요? 포기가 없기 때문입니다. 대접받고자 하는 마음밖에 없습니다. '나는 희생하고 섬겼는데, 너는 나를 위해 무엇을 했어?' 이 마음 때문에 화목하지 못한 겁니다. 화목에는 대가가 필요합니다. 희생과 죽음입니다. 자격이 없는 자를 위해 화목제물이 되신 예수님의 마음을 본받아야 합니다. '예수님이 나를 위해 죽으셨는데, 나에게 베푸신 하나님의 사랑이 얼마나 큰데, 내가 그 사랑을 받았는데 내 가족에게 이 작은 사랑 하나 그냥 주지 못하겠는가? 아무 대가를 바라지 말고 주자' 이런 마음이 필요합니다. 그때 화목해질 수 있습니다.

그런데 우리는 마른 떡 하나만 있는 상황이 문제라고 생각합니

인생 잠언

다. 그러므로 "더 많은 떡을 주세요. 그래야 문제가 해결됩니다" 이렇게 기도합니다. 그러나 예수님의 마음이 없으면 제육이 많은 것이 오히려 문제가 됩니다. 떡이 부족한 것이 문제가 아닙니다. 오히려 내 마음에 예수님이 계시지 않는 것이 문제이고, 예수님을 닮아 가지 못하는 것이 문제이고, 화목하게 된 자로서 살아가겠다고 하는 마음이 없는 것이 문제입니다. 예수님께 순종하는 마음만 있다면, 주님께 받은 그 사랑을 실천할 자세만 있다면, 마른 떡 한 조각만 있어도 얼마든지 화목할 수 있습니다.

그러므로 우리에게 화목이 없다면 "예수님을 바라보고, 내 마음에 모시며, 그분을 사랑하고 순종하기 원합니다. 예수님의 마음을 본받기 원합니다. 예수님으로 우리 마음을 채워 주소서" 이렇게 기도해야 합니다. 이 마음이 없다면 모든 것을 가졌어도, 차고 넘칠 만큼 풍성하게 가졌어도 끝없이 갈등하며 살아갈 수밖에 없습니다.

환경을 이기는 지혜

지혜로운 사람은 환경에 대하여 불평하지 않습니다.

> 슬기로운 종은 부끄러운 짓을 하는 주인의 아들을 다스리겠고 또 형제들 중에서 유업을 나누어 얻으리라 잠 17:2

이 당시는 신분제 사회였습니다. 아버지의 재산과 명예가 아들에게 그대로 상속되었습니다. 아들이 최고입니다. 그러나 이것은 외적인 것입니다. 실제로 진정한 신분은 지혜에 있기 때문입니다. 지혜롭기만 하면 어떤 환경에서도 살아갈 수 있기 때문입니다.

'신분보다 지혜가 더 중요하다' 이것은 당시로서는 충격적인 말입니다. '내 신분이 어떻다고 낙심하지 말라. 세상이 어떻다고 원망하지 말라. 지혜롭기만 하면 된다. 나는 왜 종으로 태어났는가, 원망하지 말고 지혜로운 사람이 되어라' 이런 뜻입니다.

요셉은 애굽 보디발의 집에 노예로 팔려갔습니다. 애굽에서 요셉의 신분은 노예입니다. 그런데 보디발의 집에서 요셉은 높임을 받았습니다. 지혜롭고 진실했기 때문입니다. 더 나아가 요셉은 한 나라를 다스리는 총리가 되었습니다. 당시 왕인 바로는 "내가 너보다 높은 것은 보좌뿐이다"라는 사실을 인정했습니다. 요셉에게 모든 실권을 맡긴 것은 그가 지혜로웠기 때문입니다.

지혜로운 사람은 다른 사람을 원망하지 않습니다. 내가 어떤 사람에게 속았습니다. 나를 속인 그 사람이 너무 미워서 만나는 사람들한테 그가 나쁘다고 욕합니다. 그런데 잘 생각해 보면 속는 사람도 문제가 있습니다. 왜 악한 말에 속을까요? 자기 마음속에 악이 있기 때문입니다("악을 행하는 자는 사악한 입술이 하는 말을 잘 듣고" 4절). 거짓말에 넘어가는 이유는 자기에게 거짓된 마음이 있기 때문입니다. "한 달만 빌려주면 원금과 이자를 합해서 두 배를 주마" 해서 빌려주었는데 떼였어요. 왜 그랬을까? 공짜를 바랐기 때문입니다. 나쁜 말을 하는 사람도 나쁘지만, 그 말에 귀를 기울이는 사람도 문제가 있습니다. 사람은 자기가 좋아하는 말만 듣습니다. 그러므로 아무 말이나 다 듣는 것이 아닙니다. 어떤 말에 귀를 기울여야 합니까? 정직한 말에 귀를 기울여야 합니다. 이것이 지혜입니다.

지혜로운 사람으로 살아가려면

지혜로운 사람은 어떤 사람일까요? 가난한 사람을 무시하지 않습니다("가난한 자를 조롱하는 자는 그를 지으신 주를 멸시하는 자요 사람의 재앙을 기뻐하는 자는 형벌을 면하지 못할 자니라" 5절). 지혜로운 사람은 가난한 사람을 '실패자야, 무능한 사람이야'라고 생각하지 않습니다. 이런 생각은 하나님을 멸시하는 것입니다. 가난한 사람들은 하나님께 훈련받는 사람들입니다. 그리고 우리를 훈련하는 사람들입니다. 이스라엘 사람들은 환자보다 높은 곳에서 말하지 않았습니다. 아픈 사람들이 고난 중에 있으므로 건강한 사람보다 하나님과 더 가까이 있다고 생각했기 때문입니다. 가난한 사람을 무시하는 것은 하나님을 멸시하는 것입니다.

지혜로운 사람은 다른 사람이 재앙당하는 것을 좋아하지 않습니다. 다른 사람을 밟으면서, 다른 사람이 안되기를 바라면서, 그것을 즐거워하지 않습니다. 이런 마음이 있다면 그 사람은 결코 지혜로운 사람이 아닙니다. 사촌이 땅을 샀는데 배가 아프다면 잘못된 것입니다. 마땅히 축하해 주어야 합니다. 이것이 지혜입니다.

지혜로운 사람은 거짓말하지 않습니다. 또 뇌물도 좋아하지 않습니다.

뇌물은 그 임자가 보기에 보석 같은즉 그가 어디로 향하든지 형통하게 하
느니라 잠 17:8

뇌물이 좋다는 말일까요? 아닙니다. 사람이 뇌물을 주면서 자기 뜻이 이뤄질 것으로 기대한다는 것입니다. 새번역성경을 보면 그 뜻이 더 잘 이해됩니다.

뇌물을 쓰는 사람의 눈에는 뇌물이 요술방망이처럼 보인다. 어디에 쓰든 안 되는 일이 없다.

이 말은 뇌물을 권장하는 것이 아니라, 뇌물이 작동하는 사회의 현실을 고발하는 것입니다. '그렇게 되기를 원하지만, 사실은 아니다'란 뜻입니다. 그러므로 지혜로운 사람은 뇌물을 좋아하지 않습니다.

우리는 사는 동안 연단을 수차례 받습니다. 이때 우리가 할 일은 원망하거나 낙심하지 말고, 정금이 되는 것입니다. 연단을 통해 지혜를 얻어서 화목하고, 원망하지 않으며, 다른 사람을 무시하지 않고, 정직하게 사는 것입니다. 이때 연단은 우리를 보석과 같은 사람으로 만들어 줄 것입니다.

1. 하나님께서 우리를 연단하시는 방법에는 어떤 것이 있을까
   요?

2. 나의 삶에 연단이 있었다면, 그 연단의 목적과 결과는 무엇
   일까요?

3. 연단이 찾아왔을 때, 지혜롭게 행동하는 모습은 어떤 것일까
   요?

인생을 연단하시는 살아 계신 하나님!
도가니와 풀무를 통해 보석을 만들듯이
우리도 연단을 통해 보석과 같은 사람이 되는 줄 믿습니다.
왜 나에게 이런 일이 있느냐고 연단에 대해 원망하지 않고,
그 속에서 주님이 원하시는 정금이 되게 하소서.
그래서 이 땅에서도 지혜로운 삶을 살게 하소서.
가정이 화목하고, 세상을 원망하지 않고,
다른 사람을 무시하지 않고, 정직하게 살게 하소서.

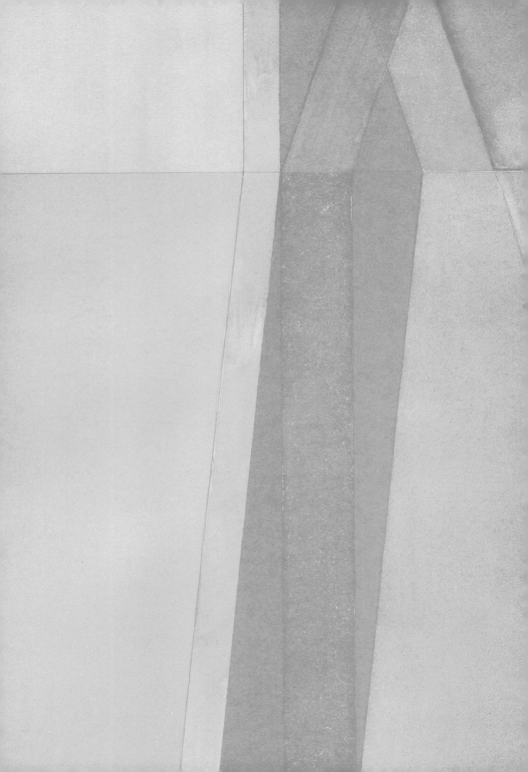

3부

이웃과 화목한가요?

더불어 사는 삶

1 무리에게서 스스로 갈라지는 자는 자기 소욕을 따르는 자라 온갖 참 지혜를 배척하느니라
2 미련한 자는 명철을 기뻐하지 아니하고 자기의 의사를 드러 내기만 기뻐하느니라
3 악한 자가 이를 때에는 멸시도 따라오고 부끄러운 것이 이를 때에는 능욕도 함께 오느니라
4 명철한 사람의 입의 말은 깊은 물과 같고 지혜의 샘은 솟구쳐 흐르는 내와 같으니라
5 악인을 두둔하는 것과 재판할 때에 의인을 억울하게 하는 것이 선하지 아니하니라
6 미련한 자의 입술은 다툼을 일으키고 그의 입은 매를 자청하느니라
7 미련한 자의 입은 그의 멸망이 되고 그의 입술은 그의 영혼의 그물이 되느니라
8 남의 말하기를 좋아하는 자의 말은 별식과 같아서 뱃속 깊은 데로 내려가느니라
9 자기의 일을 게을리하는 자는 패가하는 자의 형제니라
10 여호와의 이름은 견고한 망대라 의인은 그리로 달려가서 안전함을 얻느니라
11 부자의 재물은 그의 견고한 성이라 그가 높은 성벽같이 여기느니라
12 사람의 마음의 교만은 멸망의 선봉이요 겸손은 존귀의 길잡이니라

스스로 외톨이가
되지 마세요

우리는 만났지만 우리가 만났을까요

아주 외딴 별에 혼자 떨어졌다고 생각해 봅시다. 내가 도착하기 전에 그 별은 흙으로만 이루어진 사물들의 세계였습니다. '그것'(It)들만이 존재하는 3인칭의 세계였습니다. 그런데 내가 도착하고 난 후에는 '나'(I)와 '그것'(It)들, 즉 1인칭과 3인칭이 공존하는 세계가 됩니다. 그런데 내가 그 별에 있는 어떤 것을 좋아하게 되고, 그것을 '너'(You)라고 부르기 시작하면, 그때부터 2인칭의 세계가 있는 완전한 세상으로 변합니다. 1인칭인 '나'와 3인칭인 '그것'과는 구체적인 관계가 없습니다. 그러나 2인칭은 서로를 '너'라고 부르는 관계이며, 서로의 가치를 인정하고 배려하고 공감하며 응답하는 관계입니다. 이제 세상은 '사물들의 세계'에서 '의미와 가치의 세계'로 변하는 것입니다. 이런 의미에서 보면 '너'(You)라고 부르는 2인칭은 아주 특별한 인칭입니다. 2인칭은 관계의 인칭이며, 사물의 세계를 의미와 가치의 세계로 바꾸는 기적의 인칭입니다.

쉽게 말하면 '나'라는 존재가 있기 때문에 '나와 너(우리)'의 의미와 가치가 생겨나는 것이 아니고, '나와 너'라는 '우리'가 있기 때문에 '나'의 존재에 의미와 가치가 생긴다는 말입니다. 사물의 세계에서는 '나'가 있어야 '우리'가 있게 되지만, 의미와 가치의 세계에서는 '우리'가 있기 때문에 '나'라는 존재가 있게 되는 것입니다. 신학자 마르틴 부버(Martin Buber)는 이 말을 "태초에 관계가 있었다"고 표현했습니다. 좀 어렵지만, 관계이론의 핵심입니다.

하나님 자신은 홀로 계시지 않고 관계 속에 존재하십니다. 성부, 성자, 성령의 삼위일체 하나님은 하나이지만, 서로 사랑하며 존재하는 개별자이시기도 합니다. 하나님의 형상대로 창조된 인간도 홀로 살도록 만들어지지 않았습니다. 개별적 존재이지만 함께 더불어 관계를 맺으며 살도록 만들어졌습니다.

"우리는 만났지만 우리가 만났을까?"

이는 생텍쥐페리(Antoine de Saint-Exupéry)가 쓴 《어린 왕자》에 나오는 말입니다. 무슨 말일까요? 우리는 이미 나와 그것의 관계로 수없이 만났지만, 서로 공감하고 배려하고 마음이 통하는 나와 너의 관계로는 만나지 않았을 수도 있다는 말입니다. 그래서 이렇게 많은 사람이 모여 사는 도시 한복판에서도 사막에 홀로 있는 것같이 외로워하는 것입니다. 그러므로 삭막한 곳에서 벗어나 인간답게 아름다운 세상을 살아가려면 나와 너의 관계를 맺어 가야 합니다.

외톨이로 살아가는 이유

본문은 공동체에 대한 말씀입니다. 혼자가 아니라 더불어 사는 지혜에 대해 세 가지를 말씀하고 있습니다. '왜 우리는 더불어 살지 못하는가?' '더불어 살게 될 때 어떤 은혜가 있는가?' '너와 내가 함께하면 다 되는가? 정말 우리가 믿고 의지할 것은 무엇인가?'가 그것입니다.

우리는 왜 더불어 살지 못할까요? 왜 외톨이가 되는 것일까요? "무리에게서 스스로 갈라지는 자"(1절)에서 무리는 공동체를 말합니다. 어떤 공동체일까요? 가정이나 직장, 혹은 국가라고 볼 수도 있습니다. 그러나 그것을 넘어서는 의미는 없을까요? 초대교회는 여기서 '무리'를 교회 공동체로 해석했습니다. 교회를 중심으로 해석하는 것이 영적인 방법입니다.

신앙생활하면서 이런 질문해 보신 적 있나요? '나만 하나님 앞에 신앙생활 똑바로 하면 되지, 왜 주변 사람들에게 신경을 써야 할까? 내가 이 사람들하고 무슨 상관일까? 나만 바로 살면 되지.' 본문은 여기에 대한 대답입니다.

하나님은 나를 개인적으로 구원하십니다. 그러나 구원을 받고 나면, 하나님은 나를 혼자 살게 하지 않으십니다. 새로운 관계를 주십니다. 구원받은 사람들이 함께 모여 살아가게 하십니다. 이것이 교회입니다. 그러므로 교회 안에는 나와 하나님의 수직적 관계만 있는 것이 아닙니다. 나와 너의 수평적 관계도 존재합니다. 그러므로 믿음이 좋다는 것은 하나님을 신실하게 믿고 의지하는 동시에, 다른 사람들과의 관계도 잘 풀어 가는 것을 의미합니다. 수직적인 관계와 수평적인 관계가 조화를 이룰 때 올바른 신앙생활이 됩니다.

하나님을 사랑하는 것이 쉬울까요? 쉽기도 하고 어렵기도 합니다. 보이지 않기 때문에 어렵습니다. 그러나 쉬울 수도 있습니다. 언제나 나를 사랑하고 인도하시는 분이니까요. 그렇다면 하나님이 사랑하는 자들을 사랑하는 것은 쉬울까요? 어렵습니다. 왜냐하면 그들 중에는 내 마음에 들지 않는 사람도 있기 때문입니다.

교회 안에는 예배만 있는 것이 아닙니다. 선교, 교육, 봉사, 친교 등 다양한 영역이 존재합니다. 예배는 하나님을 만나서 사랑하고 새 힘을 얻고 하나님과 관계를 새롭게 하는 것입니다. 선교는 하나님이 사랑하는 자들, 그러나 내 마음에는 들지 않는 사람들을 찾아가서 복음을 전하여 구원에 이르게 하는 것입니다. 진리를 모르는 사람들을 찾아가 양육하여 세우는 것이 교육이고, 그들을 섬기는 것이 봉사이며, 거북한 사람들과 함께하는 것이 친교입니다. 신앙은 예배만으로 이루어지지 않습니다. 하나님을 사랑할 뿐 아니라, 하나님이 사랑하는 사람들을 사랑할 때 신앙이 완성됩니다.

하나님과의 관계, 인간 간의 관계, 그 상호작용에 대해 성경은 말씀합니다.

보는 바 그 형제를 사랑하지 아니하는 자는 보지 못하는 바 하나님을 사랑할 수 없느니라 요일 4:20

인생 잠언

보이는 사람을 사랑하지 못하면서 어떻게 보이지 않는 사람을 사랑한다고 할 수 있는가? 그래서 초대교회 교부들은 말했습니다. "하나님을 아버지로 모신 사람은 교회를 어머니로 생각해야 한다." 내가 하나님의 자녀라면 교회는 내 집이며, 어머니의 품입니다. 하나님을 제대로 믿는다면 교회는 내게 주신 소중한 공동체인 것입니다.

하지만 공동체를 떠나는 사람들도 있습니다. '너는 나하고 수준이 맞지 않아. 내가 너와 같으냐? 나 안 해!'라는 마음 때문입니다.

무리에게서 스스로 갈라지는 자는 자기 소욕을 따르는 자라 잠 18:1상

자기 욕심, 자기 고집, 자기 욕망 때문에 공동체를 떠나간다는 것입니다. 물론 공동체의 문제로 떠나가는 사람들도 있습니다. 그러나 자기 소욕을 따라 공동체를 떠나는 사람은 자기만 잘되면 되고, 다른 사람이나 공동체에는 관심이 없습니다. 함께 문제를 해결하려고 하지도 않습니다. 오히려 자기가 속한 공동체를 비난합니다. 성경은 어떻게 평가할까요?

온갖 참 지혜를 배척하느니라 잠 18:1하

진정한 지혜를 외면하는 사람이라는 것입니다. 참된 지혜가 없어서 공동체를 떠나는 것이 최선의 선택이라고 보는 것입니다.

갈등을 넘어서

이 세상에 갈등이 없는 사람도, 갈등이 없는 가정도 없습니다. 갈등이 없는 공동체도, 문제가 없는 교회도 없습니다. 갈등이 있는 것이 정상입니다. 그런데 갈등이 있을 때마다 공동체를 조용히 떠나는 것이 덕이 있는 모습이고, 능사일까요? 어떻게 보면 군더더기 없이 깔끔한 것 같지만, 떠나는 것이 능사는 아닙니다.

갈등은 해결해야 합니다. 갈등을 인정하고, 힘들지만 함께 해결하려고 노력하다 보면 극복할 수 있습니다. 그런 가운데 참 지혜가 생겨납니다. 과정은 아프지만 결국은 그것이 내 안에서 진주가 됩니다. 조개 안으로 날카로운 모래가 들어오면 아프지요. 그러나 아픔을 견디고 극복하다 보면 시간이 흐른 뒤 진주가 됩니다. 고통을 느끼지만 함께 갈등을 풀어 가면서 몸부림치다 보면, 어느새 그것을 통해 하나님의 역사를 보게 되고, 신앙의 간증과 열매가 생겨나게 됩니다. 그러므로 공동체를 조용히 떠나는 것이 다가 아닙니다. 참고, 함께 해결하려고 할 때, 참된 지혜와 성숙이 이루어지게 됩니다.

> 미련한 자는 명철을 기뻐하지 아니하고 자기의 의사를 드러내기만 기뻐하느니라 잠 18:2

'의사'(意思)란 히브리어로 '레브' 즉, '마음' '심장'을 말합니다. 10명이 모였으면, 나는 그중에서 10분의 1입니다. 그런데 자기 의견만 존중해 달라고 한다면 그것은 잘못된 특권의식에 사로잡힌 모습입니다. 남의 말을 듣지 않으니 점점 더 미련해지고, 그런 그를 찾아오는 것은 멸시와 능욕입니다("악한 자가 이를 때에는 멸시도 따라오고 부끄러운 것이 이를 때에는 능욕도 함께 오느니라" 3절). 멸시와 능욕의 반대말이 영광입니다. '능욕'은 히브리어로 '가볍다'는 뜻입니다. 가벼운 인간이 되고 만다는 것입니다. 그래서 하찮게 여겨지게 되는 것입니다.

한편, 공동체를 떠나지 않고 그들과 함께 문제를 풀어 간다고 할 때, '나는 뭐지? 공동체를 위한 희생물이 되라는 것인가?'라는 생각이 듭니다. 그럴까요? 아닙니다. 지혜란 다른 사람, 다른 의견을 존중하고, 그 사람의 가치를 소중히 여기는 것입니다. 함께 어울릴 수 없다고 공동체를 거부하는 것이 아니라 나보다 못해 보이는 사람을 높여 주고, 그들이 생명을 얻도록 애쓰며, 그들을 섬기는 것입니다. 이런 사람이 정말 지혜로운 사람이고, 잘난 사람이고, 하나님이 찾으시 사람입니다.

그러니까 갈등이 생겼을 때 너무 가볍게 결론을 내려선 안 됩니다. "내 맘에 들지 않아. 나는 싫어. 나 안 해!" 이렇게 쉽게, 가볍게 튕겨 나가지 말아야 합니다. 무겁게, 깊이 생각하고, 하나님의 영광을 생각하며, 책임을 감당하려고 해야 합니다.

> 명철한 사람의 입의 말은 깊은 물과 같고 지혜의 샘은 솟구쳐 흐르는 내와 같으니라 잠 18:4

명철한 사람, 공동체를 세우는 사람, 그들의 말은 깊은 물과 같습니다. 항상 고요하고 풍부하며 깊이가 있고 시원합니다. 마르지 않습니다. 솟구쳐 흐르는 시내와 같아서 많은 사람을 시원하게 하고, 소생시키고, 열매를 맺게 합니다. 이런 사람은 가만히 있어도 눈에 띕니다. 보이지 않게 숨으려 해도 하나님께서 드러내고 솟구치게 하십니다. 그런 사람이 필요하기 때문입니다.

그러므로 왜 나를 몰라주는가, 원망하면 안 됩니다. 때를 기다려야 합니다. 하나님이 나를 깊은 물처럼 맑게 하시고, 현명하게 만드실 것입니다. 지혜롭게 하시고 유익하게 하셔서 결국 솟구치게 하실 것입니다. 그리하여 내 생명만 아니라 다른 사람의 생명도 살리는 일에 사용하실 것입니다. 바로 그때 공동체는 살아나고 회복되는 것입니다.

공동체를 넘어서 하나님께로

그렇다면 공동체가 우리의 모든 문제를 해결할까요? 아닙니다. 공동체는 중요하고 따라서 서로 사랑하고 함께해야 하지만, 그것이 다는 아닙니다. 우리가 정말 의지할 것은 무엇인가요? 무엇을 믿고 살아야 하나요? 우리가 바라보고 믿고 의지할 분은 오직 하나님뿐입니다("여호와의 이름은 견고한 망대라 의인은 그리로 달려가서 안전함을 얻느니라" 10절). 하나님께로 달려갈 때 안전합니다. 이런 복음송이 있습니다.

"주님의 이름은 강한 성루 그곳에 달려간 자 안전하리…"

이 세상의 어떤 것도 나를 안전하게 지켜 줄 수 없습니다. 하지만 세상 사람들은 그렇게 생각하지 않습니다.

> 부자의 재물은 그의 견고한 성이라 그가 높은 성벽같이 여기느니라 잠 18:11

세상 사람들은 '돈만 있으면, 권력만 있으면 아무도 손댈 수 없고 안전하다. 절대로 정복되거나 쓰러지지 않는다'고 생각합니다. 11절의 "여기느니라"를 직역하면 자기 생각에는 그렇다고 스스로 착각하는 것입니다. 그러나 참된 성(城)은, 참으로 견고하게 나를 지켜 주는 성은 하나님 한 분뿐입니다.

> 사람의 마음의 교만은 멸망의 선봉이요 겸손은 존귀의 길잡이니라 잠 18:12

'교만하지 말고 겸손하라'가 본문의 결론입니다. 교만이란 무엇일까요? '하나님? 필요 없다. 돈만 있으면 돼. 공동체? 너희들 다 필요 없어. 맘에 들지도 않아. 내 힘으로 번 돈과 내가 가진 권력만 있으면 안전하다'고 하는 것이 교만입니다. 교만의 결과는 무엇입니까? 멸망입니다. 망한다는 것입니다.

그렇다면 겸손은 무엇입니까? '하나님만이 견고한 망루입니다. 나를 안전하게 지켜 주실 분은 하나님 한 분뿐입니다. 그리고 나는 부족합니다. 나에게는 당신이 필요합니다' 이것이 겸손입니다. 겸손의 결과는 무엇인가요? 존귀함입니다. 하나님이 귀히 여기시고 사람들로부터 인정을 받는다는 것입니다.

본문은 우리에게 이렇게 묻고 있습니다.

미련한 자, 악한 자가 될 것인가? 그래서 지혜를 얻지 못하고 교만한 가운데서 무너질 것인가? 아니면 하나님이 함께하는 지혜로운 자, 명철한 자가 될 것인가? 나만 살려고 공동체를 떠나는 자가 될 것인가? 공동체의 문제를 함께 지고 해결하려고 몸부림치면서 결국은 나도 살고 다른 사람도 살리는 사람이 될 것인가?

'위'로는 하나님을 의지하고, 하나님을 견고한 망대로 삼아야 합니다. 그리고 '옆'으로는 내게 주신 관계를 소중히 여기며 함께하면서 살아가야 합니다. 그럴 때 우리의 공동체는 건강하게 그리스도의 반석 위에 세워질 것입니다.

인생 잠언

1. 공동체를 벗어나 연락이 뜸한 사람이 있나요? 혹은 아예 다른 공동체로 옮긴 사람이 있나요? 그는 왜 그렇게 행동했을까요?

2. 공동체 안에서 갈등이 생겼을 때, 어떻게 해야 지혜롭게 행동하는 것일까요?

3. 공동체를 떠났거나, 떠나려는 이에게 우리는 어떻게 말해 주고 다가갈 수 있을까요?

우리를 관계 속으로 부르신 하나님!

우리는 나만 생각하고, 내 생각만 옳고,

다른 사람에 대해서는 관심을 갖지 않습니다.

이런 어리석음에서 우리를 건져 주소서.

주어진 공동체를 감사히 여기고,

공동체를 사랑하고, 함께 어울리며 문제를 해결하면서

지혜도 얻고 위로와 새 힘을 얻게 하소서.

그리고 우리 공동체가 더욱 아름다워지게 하소서.

그러나 우리가 진정으로 의지하고 바라볼 곳은

하나님이라는 것을 잊지 않게 하소서.

하나님과의 수직적인 관계, 사람들과의 수평적인 관계가

잘 조화를 이룬 올바른 신앙생활을 하게 하소서.

13 사연을 듣기 전에 대답하는 자는 미련하여 욕을 당하느니라
14 사람의 심령은 그의 병을 능히 이기려니와 심령이 상하면 그
    것을 누가 일으키겠느냐
15 명철한 자의 마음은 지식을 얻고 지혜로운 자의 귀는 지식을
    구하느니라
16 사람의 선물은 그의 길을 넓게 하며 또 존귀한 자 앞으로 그
    를 인도하느니라
17 송사에서는 먼저 온 사람의 말이 바른 것 같으나 그의 상대자
    가 와서 밝히느니라
18 제비 뽑는 것은 다툼을 그치게 하여 강한 자 사이에 해결하게
    하느니라
19 노엽게 한 형제와 화목하기가 견고한 성을 취하기보다 어려
    운즉 이러한 다툼은 산성 문빗장 같으니라
20 사람은 입에서 나오는 열매로 말미암아 배부르게 되나니 곧
    그의 입술에서 나는 것으로 말미암아 만족하게 되느니라
21 죽고 사는 것이 혀의 힘에 달렸나니 혀를 쓰기 좋아하는 자는
    혀의 열매를 먹으리라
22 아내를 얻는 자는 복을 얻고 여호와께 은총을 받는 자니라
23 가난한 자는 간절한 말로 구하여도 부자는 엄한 말로 대답하
    느니라
24 많은 친구를 얻는 자는 해를 당하게 되거니와 어떤 친구는 형
    제보다 친밀하니라

13

말 때문에 살고
말 때문에 죽습니다

말하는 것이 매끄럽지 못한 당신에게

〈폴리〉라는 영화를 보면 말을 더듬는 아이와 인간처럼 생각하고 말하는 앵무새가 나옵니다. 아이의 할아버지는 말 잘하는 앵무새 '폴리'를 아이에게 말동무로 선물합니다. 아이의 아버지는 언어전문가를 불러서 아이에게 말을 가르쳐 줍니다. 앵무새도 아이의 어깨에 앉아서 특수교육을 함께 받습니다. 그래서 아주 말을 잘하는 앵무새가 되었습니다. 그런데 앵무새가 아이를 떠나면서 도둑의 소유가 되었습니다. 그러자 앵무새의 말도 완전히 달라졌습니다. 도둑들이 하는 험한 말을 하는 것입니다. 어느 날 앵무새는 탄식하면서 이렇게 말했습니다.

"나는 오늘부터 말을 안 하고 살 거예요. 내가 말만 하면 사람들이 화를 내니까요."

그때 어떤 할머니가 앵무새에게 이렇게 말합니다.

"말하는 것이 잘못된 것이 아니야. 네가 말하는 것이 신기해서 사람들이 얼마나 몰려오니? 또 너에게 얼마나 많은 질문을 하니? 네가 말하는 내용과 말투가 문제야. '폴리야! 내 모자 어때?' 하고 물었는데, '거지 같애!' 그렇게 대답하니까 얻어맞는 거지. 말은 좋은 것이지만 버릇없고 상스러운 말을 해서는 안 되는 거란다."

앵무새 폴리처럼 말을 하다 상처를 받아서 '이제부터는 입 다물고 절대 말 안 할 거다'라고 생각하는 것은 미련한 것입니다. 말을 안 하는 것이 능사가 아니거든요. 이렇게 생각하면 앵무새보다 나을 게 없습니다. 왜 그렇게 됐는가를 생각해야 합니다. '사람들이 왜 내게서 멀어지는가? 왜 내 말을 듣지 않는가? 왜 사람들 속에 살면서도 외로운 것일까?' 인간관계의 기초는 말입니다. 말이 잘못되면 모든 관계가 잘못됩니다.

어떤 분이 저에게 이런 질문을 했습니다.

"목사님, 요한복음 15장에서 예수님이 제자들에게 '내 안에 거하라 나도 너희 안에 거하리라'고 하셨는데, 그것이 어떻게 가능합니까? 어떻게 하면 주님이 내 안에, 내가 주님 안에 거할 수 있습니까?"

그래서 이렇게 대답했습니다.

"말이란 단순한 소리가 아닙니다. 나를 외부로 드러내는 방법입니다. 그러므로 진실한 말은 바로 나 자신입니다. 상대방이 내 말을 귀로 듣고, 마음으로 깊이 공감하며 받아들이면, 그가 내 속으로 들어오는 것입니다. 그러므로 자기를 표현함으로써 나를 상대방에게 주고, 그의 이야기를 들음으로써 내가 상대방을 받아들이고, 그 결과 서로를 이해하고 수용하고 하나가 되는 것입니다. 주님과의 관계도 마찬가지입니다. 내가 주님의 말씀을 듣고 마음으로 받을 때, 그리고 그 말씀에 순종할 때 주님이 내 안으로 들어오십니다. 그리고 내가 주님께 내 마음을 털어놓을 때, 주님이 내 말을 들으십니다. 그리고 응답하십니다. 그럴 때 내가 주님 안에 거하는 것입니다. 그러니까 주님의 말씀을 귀로만 듣지 마세요. 마음으로 받으세요. 그리고 응답을 하려고 애를 써보세요. 내 마음을 주님께 쏟아 놓으세요. 그러면 점점 주님이 내 안에, 내가 주님 안에 거한다는 것이 뭔지 알게 될 것입니다."

이번 장에서는 '공동체 안에서 어떻게 좋은 관계를 유지할 수 있는가'를 주제로 말씀을 살펴보려 합니다. 관계는 '말'에서부터 시작됩니다. 먼저 '말은 어떻게 들어야 하는가', 다음으로 '어떻게 결론을 내야 하는가', 그리고 '그 결과는 어떻게 되는가'에 대해 알아보고자 합니다.

말하기 전에 먼저 귀를 엽니다

공동체 안에서 어떤 사람이 지혜로운 사람일까요? 잘 듣는 사람입니다. 왜 그렇습니까? 우리는 인격적인 존재이기 때문에 돈이나 권력으로 마음을 얻을 수 없습니다. 마음과 마음이 통해야만 관계가 열립니다. 그러려면 잘 들어야 합니다. 듣기 전에 대답하려고 하면 안 됩니다. 그것은 미련한 짓입니다.

사연을 듣기 전에 대답하는 자는 미련하여 욕을 당하느니라 잠 18:13

사연을 듣기 전에 대답하는 이유가 뭘까요? '한쪽 말만 들어도 다 안다. 그러니까 다른 쪽 말은 들을 필요도 없다'고 생각하기 때문입니다. 그는 자신이 똑똑한 줄 알지만 하나님 보시기에 미련한 사람입니다. 왜 그럴까요? 듣지도 않고 양쪽을 다 알 수는 없기 때문입니다. 양쪽 말을 다 들어 보고 판단해도 늦지 않습니다. 아니 그래야 합니다. 한쪽 말만 듣고, 다른 쪽 말을 듣지 않으면 어떻게 될까요?

사람의 심령은 그의 병을 능히 이기려니와 심령이 상하면 그것을 누가 일으키겠느냐 잠 18:14

마음이 상합니다. 내 말을 들어 주지 않아 마음이 상했다면 그것은 매우 고통스런 상황입니다. 거절감을 느끼기 때문입니다. 거절감은 소외감을 낳고, 소외감은 사람을 무력하게 만듭니다. 무력해진 삶은 황폐해지다 마침내 병이 듭니다. 상대방의 말을 들어 주지 않는 것은 그 사람을 병들게 하는 일입니다.

암 전문가에게 제가 물었습니다.

"만약 부부 중 한 사람이 병이 들었다면, 회복이 될지 안 될지 아는 방법이 있을까요?"

그는 대화가 잘 이루어지는 가정은 회복될 확률이 아주 높다고 했습니다. 반면에 부부간에 대화가 잘 이루어지지 않거나 서로 탓하는 관계라면 회복하기 매우 힘들다고 했습니다. 배우자가 내 말을 귀담아듣지 않는 환경에서 건강할 수 있을까요? 건강할 수 없습니다. 이렇듯 다른 사람의 말을 들어 주는 일은 매우 중요한 사역입니다. 그 사람을 받아 주는 것이고, 힘을 북돋우는 것이고, 건강한 인격을 만드는 것이기 때문입니다. 교회 안에 많은 사역이 있지만 잘 들어 주는 것도 중요한 사역입니다.

있는 그대로 들어 줍니다

그런데 다른 사람의 말을 들어 주려면 어떤 자세가 필요할까요?

> 명철한 자의 마음은 지식을 얻고 지혜로운 자의 귀는 지식을 구하느니라
> 잠 18:15

아주 멋진 말입니다. 명철하고 지혜로운 사람은 지식을 구합니다. 다시 말해 명철한 자와 지혜로운 자는 상대방에 대해서 '나는 그를 잘 모르므로 그에 대한 지식이 필요하다'고 생각한다는 것입니다.

대화를 할 때 '나는 너를 다 안다. 네가 무슨 말을 해도 다 알거든' 이런 자세를 가지면 들을 수 없습니다. 어머니가 아이들과 대화를 할 때 '내가 네 마음을 모를 줄 알고? 네 속에 들어갔다 나왔어, 이놈아!' 이렇게 나오면 방법이 없습니다.

3부 이웃과 화목한가요?

그럼 어떤 자세로 대화에 임해야 할까요? '내가 이 아이를 안다고 생각하지만 사실은 잘 모른다. 그러므로 내 마음을 비우고 진지하게 얘기해야겠다. 그래서 아이가 무엇을 원하는지, 그 입장을 이해해야겠다'는 자세를 가져야 합니다. 이런 마음이 지혜롭고 명철한 것입니다. 그럴 때 경청하게 되고, 공감하게 됩니다. 말하는 사람은 이해받는 기분을 느끼며, 경청해 주고 공감해 주는 상대방이 너무나 고맙습니다. 이런 관계가 형성되면 두 사람 사이엔 문제가 생기지 않습니다.

그렇게 상대방의 말을 잘 들어 주는 것은 무엇과 같을까요? 선물을 주는 것과 같습니다("사람의 선물은 그의 길을 넓게 하며 또 존귀한 자 앞으로 그를 인도하느니라" 16절). 선물하는 마음은 베푸는 마음입니다. 받는 사람에게는 감사가 넘칩니다. 주는 사람도 좋고 받는 쪽도 행복합니다. 마음이 이어집니다. "그의 길을 넓게 하며" 마음이 넓어지고 소통이 되고 일이 잘 풀립니다. 그리고 "존귀한 자 앞으로 그를 인도하느니라" 이런 사람이 지도자가 된다는 것입니다.

> 송사에서는 먼저 온 사람의 말이 바른 것 같으나 그의 상대자가 와서 밝히느니라 잠 18:17

양쪽의 말을 들어 보기 전에는 판단을 유보해야 합니다. 재판관이 원고의 말만 듣고 판결하면 되겠습니까? 잘못이죠. 양쪽의 이야기를 충분히 들어야 합니다. 서로 진지한 대화를 나눴으면 이제는

인생 잠언

결론을 내려야 합니다. 어떻게 결론을 내릴까요?

제비를 뽑는다는 것의 의미

> 제비 뽑는 것은 다툼을 그치게 하여 강한 자 사이에 해결하게 하느니라
> 잠 18:18

성경은 '제비'를 뽑으라고 말씀합니다. 제비는 옛날 성전에서 하나님께 질문할 때 사용한 방법입니다. 제사장의 옷에는 주머니가 있는데 그 안에 흰 돌과 검은 돌이 있었습니다. 서로 모여서 논의를 했지만 결론이 나지 않을 때, 제사장이 "하나님, 어찌해야 합니까?" 하고 하나님께 기도한 후 주머니에서 돌을 뽑습니다. 흰 돌이면 '예스', 검은 돌이면 '노'입니다.

예를 들어 '전쟁을 해야 하는가, 하지 말아야 하는가?'를 두고 양쪽의 의견이 분분합니다. 결론이 나지 않을 때 마지막으로 "우리보다 지혜로우신 하나님의 뜻을 묻자" 하고 모두 기도를 드린 뒤 돌을 집어 올립니다. 흰 돌이 나왔습니다. 그럼 어떻게 해야 할까요? 전쟁을 하라는 것입니다. 그럼 반대하던 사람도 "알겠습니다" 하고 그 결정을 따라야 합니다. "그래도 나는 반대야!" 이러면 안 됩니다. 내 생각엔 절대 전쟁을 해선 안 되더라도 하나님의 결정에 따라야 합니다. 그럴 때 화해가 이루어지고 서로가 하나 될 수 있습니다.

분쟁이란 강한 자들 사이에서 발생하게 마련입니다. 내가 매우

강한 자인데 내 의견을 상대방에게 일방적으로 강요할 때 분쟁이 생깁니다. 내 의견을 충분히 표현했다면, 이제는 하나님의 뜻에 맡겨야 합니다. 끝까지 우기거나 힘으로 밀어붙여선 안 됩니다.

과거엔 제비를 뽑는 것이 가장 좋은 방법이었습니다. 지금 같으면 무엇일까요? '투표'입니다. 이런저런 의견이 있습니다. 서로 다른 의견 간에 합의가 이뤄지면 다행인데 그렇지 못하다면 투표로 어느 한쪽 의견을 채택해야 합니다. 그리고 채택된 것을 하나님의 뜻으로 받아들여야 합니다. 어떻게 하든지 내 의견을 100% 관철하겠다는 마음을 가져서는 안 됩니다.

내가 먼저 좋은 친구가 되십시오

> 노엽게 한 형제와 화목하기가 견고한 성을 취하기보다 어려운즉 이러한 다툼은 산성 문빗장 같으니라 잠 18:19

상처받은 형제의 마음을 돌리기는 성을 함락시키는 것보다 어렵습니다. 왜냐하면 견고한 성보다도 더욱 굳세게 저항할 것이기 때문입니다. 성안에 들어가려면 문빗장을 열어야 합니다. 그런데 산성의 문빗장은 그냥 성의 문빗장이 아닙니다. 그쪽으로 다가가면 성을 지키는 자들이 위에서 아래로 활을 쏘아댑니다. 문 가까이에 다가가는 것도 힘이 듭니다.

서로 상처를 주고받은 뒤에 화해하는 것은 마치 이와 같습니다.

화해하기가 너무 어렵습니다. 그러므로 이런 상태에 이르기 전에 미리미리 조심해야 합니다. 싸움을 미연에 방지하려는 노력이 필요한 것입니다. 서로를 향한 충분한 배려가 필요합니다.

부부관계도 행복하려면 서로 마음이 통해야 합니다. 마음이 통하려면 배우자의 말에 귀 기울여 주면 됩니다. 내 생각을 일방적으로 강요해선 안 됩니다. 결혼생활을 하려면 적어도 이런 마음 자세가 필요합니다. 그럴 때 부부간에 대화가 풍성해지고 관계도 행복해집니다.

무조건 결혼부터 하겠다 하지 말고 결혼할 수 있는 인격을 갖추는 게 중요합니다. 어떤 인격일까요? 대화적 인격이 되어야 합니다. 대접만 받겠다는 마음을 가졌다면 결혼해 봤자 불행합니다. 어떤 사람을 선택해야 할까요? 대화가 되는 인격을 가진 사람, 수용성이 좋은 사람입니다. 이런 아내를 얻는다면 복입니다.

아내를 얻는 자는 복을 얻고 여호와께 은총을 받는 자니라 잠 18:22

공동체 안에는 가난한 사람도 있고 부자도 있습니다. 그런데 가난한 사람은 겸손하고, 부자는 교만합니다("가난한 자는 간절한 말로 구하여도 부자는 엄한 말로 대답하느니라" 23절). '내가 가난하다고 저 사람이 나를 무시하나?' 맞습니다. 세상은 원래 그렇습니다. 그러므로 가난한 자는 그런 줄 알고 그런 반응에 너무 예민하지 말아야 합니다. 부자라면 '돈이 있으면 다른 사람을 무시하기 쉽다. 돈으로 사람의 인격을 평가해서는 안 된다'는 것을 명심하고 주의해야 합니다. 그래야 부자와 가난한 자가 같은 공동체 안에서 화목하게 지낼 수 있습니다.

친구 관계도 마찬가지입니다. 친구가 많은 것은 좋지만 숫자보다 중요한 것은 진실성입니다. 그러므로 많은 친구보다 진실한 친구를 사귀어야 합니다("많은 친구를 얻는 자는 해를 당하게 되거니와 어떤 친구는 형제보다 친밀하니라" 24절). 어떻게 하면 좋은 친구를 사귈 수 있을까요? 내가 먼저 좋은 친구가 되는 것입니다. 마음을 열고 상대방의 말을 잘 들어 주는 친구가 좋은 친구입니다.

상대방이 믿고 한 말을 여기저기 떠들고 다니는 사람은 진실한 친구를 사귈 수 없습니다. 이미 상대방에게 상처를 입혔기 때문입니다. 상처받은 사람과는 진실한 관계로 회복하기가 정말 힘듭니다. "나는 친구가 없어요, 외로워요. 내 마음을 알아주는 사람이 없어요. 믿는 사람도 똑같아요. 교회도 별수 없어요" 하고 하소연하는 사람들이 많습니다. 먼저 내가 친구의 말을 마음으로 들어 주는 좋은 친구인지 돌아볼 일입니다.

21절이 결론입니다.

> 죽고 사는 것이 혀의 힘에 달렸나니 혀를 쓰기 좋아하는 자는 혀의 열매를 먹으리라 잠 18:21

말로 살게도 하고, 죽게도 합니다. 내 말 때문에 얼마나 많은 사람이 낙심하고, 상처를 받았을까요? 반대로 내 말 때문에 얼마나 많은 사람이 용기를 얻고, 회복이 되고, 그로 인해 하나님이 영광을 받았을까요?

하나님 나라를 위해 내가 할 일은 없다고요? 아닙니다. 하나님이 말씀으로 세상을 창조하셨습니다. 그러므로 우리도 말로 우리 주변을 변화시킬 수 있습니다. 내 입으로 지옥을 불러올 수도 있고, 천국을 불러올 수도 있습니다. 우리는 생명의 말씀을 받은 사람들입니다. 그러므로 생명을 살리는 입술이 되어야 합니다.

먼저는 잘 들어야 합니다. 그래야 마음이 통합니다. 물론 내 의견도 말해야 하지만 끝까지 우기기만 해서는 안 됩니다. 하나님의 뜻에 내 의견을 맞춰야 합니다.

한번 금이 간 관계를 회복하기는 어렵습니다. 그렇게 되지 않도록 미리 조심해야 합니다. 우리의 가정, 친구 관계도 다 말 때문에 무너지거나 깊은 관계로 나아가거나 합니다. 생명의 입술이 되어야 겠습니다.

함께
이야기하기

1. 말할 때, 가장 많이 하는 실수는 어떤 것일까요?

2. 말로 인해 다른 사람과 관계가 틀어진 적이 있습니까? 만약
    그때로 돌아간다면 어떻게 하는 것이 좋을까요?

3. 결론이 잘 나지 않는 상황에서 가장 현명한 해결책은 무엇일
    까요?

우리에게 언어를 선물로 주신 하나님!

말 한마디에 삶의 모습이 바뀝니다.

그런데 개인과 가정, 이 사회가

자꾸만 말로 인해 힘들어집니다.

사람들의 마음이 황폐해지고,

갈수록 입술의 말에 독기가 가득합니다.

이런 때 우리의 입술이 생명의 입술이 되게 하소서.

그래서 우리의 입술로 인해 나도 살고,

다른 사람도 살리고 하나님께 영광을 돌리게 하소서.

잠 19:1-11

1 가난하여도 성실하게 행하는 자는 입술이 패역하고 미련한 자보다 나으니라
2 지식 없는 소원은 선하지 못하고 발이 급한 사람은 잘못 가느니라
3 사람이 미련하므로 자기 길을 굽게 하고 마음으로 여호와를 원망하느니라
4 재물은 많은 친구를 더하게 하나 가난한즉 친구가 끊어지느니라
5 거짓 증인은 벌을 면하지 못할 것이요 거짓말을 하는 자도 피하지 못하리라
6 너그러운 사람에게는 은혜를 구하는 자가 많고 선물 주기를 좋아하는 자에게는 사람마다 친구가 되느니라
7 가난한 자는 그의 형제들에게도 미움을 받거든 하물며 친구야 그를 멀리 하지 아니하겠느냐 따라가며 말하려 할지라도 그들이 없어졌으리라
8 지혜를 얻는 자는 자기 영혼을 사랑하고 명철을 지키는 자는 복을 얻느니라
9 거짓 증인은 벌을 면하지 못할 것이요 거짓말을 뱉는 자는 망할 것이니라
10 미련한 자가 사치하는 것이 적당하지 못하거든 하물며 종이 방백을 다스림이랴
11 노하기를 더디 하는 것이 사람의 슬기요 허물을 용서하는 것이 자기의 영광이니라

14

성실함이
지혜입니다

세상을 살아가는 중요한 원리

독일의 철학자 칸트의 아버지는 아주 정직한 분이었다고 합니다. 어느 날 여행을 하다가 숲속에서 강도를 만났습니다. 강도들은 가진 것을 다 내놓으라고 했습니다. 가지고 있던 것을 다 내놓자 강도들은 "이것이 전부냐?" 물었습니다. 칸트의 아버지는 "그렇다"고 대답했고, 강도들은 "그렇다면 빨리 여기를 떠나라"고 했습니다. 그런데 한참 뛰어가다 보니 뭔가 묵직한 것이 느껴졌습니다. 그것은 옷 속에 안전하게 숨겨 놓고 꿰매 버린 작은 금덩이였습니다. 칸트의 아버지는 강도들에게 돌아가서 이렇게 말했습니다.

"여보시오! 내가 아까 말한 것은 사실이 아니었소. 미처 생각을 못했는데, 내 옷 속에 감추었던 금덩이요. 본의 아니게 속였으니 미안하오. 받으시오."

강도들은 당황했습니다. 이걸 받아야 하나, 그냥 돌려보내야 하나? 고민하고 있는데 두목이 입을 열었습니다.

"우리가 강도짓을 하고 살지만 이렇게 정직한 사람의 것까지 빼앗으면 천벌을 받는다. 조금 전에 저 사람에게 빼앗은 것들을 다 돌려주어라."

그래서 빼앗긴 물건을 도로 받아 왔다고 합니다. 정직하기는 어렵지만, 정직은 사람들에게 감동을 줍니다.

이번 장은 '성실'이 주제입니다. 첫째는 성실이 얼마나 중요한가, 즉 성실의 가치에 대해서, 둘째는 성실하지 못한 이유, 즉 성실의 방해물이 뭔지에 대해서, 셋째는 어떻게 사는 것이 성실한 것인지에 대해서 말씀을 나누고자 합니다.

성실의 가치

성실은 얼마나 중요할까요? 성실의 가치는 무엇일까요?

한 가지 질문을 하겠습니다. 세상에서 가장 중요한 원리는 뭘까요? 거듭 말하지만 '심은 대로 거둔다'는 법칙입니다. 자연계에서 불변의 법칙입니다. 이 법칙이 무너지면 세상이 존재할 수 없습니다. 자연계만이 아니라 인생의 모든 영역에서도 마찬가지입니다. 때문에 인생의 가장 기본 원리는 '성실'입니다.

하지만 많은 사람이 '성실하면 뭐 해? 잘살아야지. 성실을 포기하더라도 잘사는 게 최고지'라고 생각하며 성실의 가치를 부정합니다. '열심히 일해 봤자 월급은 쥐꼬리만 한데 언제 제대로 살아 보나?' 하면서 성실에 대한 실망감을 표출합니다.

왜 성실을 우습게 볼까요? '잘 산다'는 개념을 돈에 두었기 때문입니다. 현대 사회는 소비를 강조합니다. 어떻게 해서라도 소비하라는 것입니다. 그래야 세상이 돌아가니까요. 그런데 소비하려면 돈이 필요합니다. 그래서 돈, 돈, 하는 것입니다. 그러나 철학자 에리히 프롬(Erich Fromm)은 "소비할 때가 아니라 생산적이 될 때 진정한 행복이 있다"고 말했습니다.

돈을 실컷 쓰면 행복할 것 같지요? 어느 정도는요. 하지만 진정한 행복은 생산적이 될 때 누릴 수 있습니다. 생산적이 되려면 성실함이 필요합니다. 성실하게 일하다 보면 돈도 벌고, 능력도 생기고, 의미와 보람도 얻게 되는 것입니다. 어떻게 해서라도 돈을 벌면 된다는 '소유 중심적' 가치관보다 어떤 경우라도 성실을 잃지 않는 '존재 중심적' 가치관이 더 우월할 수밖에 없습니다.

가난하여도 성실하게 행하는 자는 입술이 패역하고 미련한 자보다 나으니라 잠 19:1

두 종류의 사람이 있습니다. '가난하지만 성실한 사람과 부자이지만 입술이 패역한 사람'입니다. 둘 중에 누가 더 나을까요? 가난해도 성실한 사람이, 부자라도 말과 행동이 이율배반적인 사람보다 더 낫다는 것입니다. 즉 인간의 가치는 '얼마나 소유했는가'가 아니라, '어떤 사람인가'에 달려 있다는 것입니다. 아무리 부자라도 거짓을 말하는 사람보다 가난하고 힘이 없어도 정직한 사람이 훨씬 더 하나님 보시기에 가치 있는 사람입니다.

그렇다면 이 말씀은 '욕심부리지 말고 가난해도 정직하게 살라'는 것을 교훈하는 걸까요? 아닙니다. 그렇게 단순하지 않습니다.

성실이란 단어에서 '성'(誠)이란, 말씀 언(言)과 이룰 성(成)이 합쳐진 말입니다. '말이 이루어지는 것'이 성실입니다. 즉 성실이란 말과 행동이 같다는 뜻입니다. 그 사람의 행동을 보지 않고도 그 말을 믿을 수 있다는 것을 의미합니다. '입술이 패역하다'는 것은 말과 행동이 다른 것입니다. 거짓말하지 않고 성실하게 사는 가난한 사람이, 온갖 거짓말을 하면서 수단과 방법을 가리지 않고 부자가 된 사람보다 낫다는 말씀입니다.

여기서 '낫다'는 히브리어로 '토브'로, '좋다'는 의미입니다. 영어로는 'good'입니다. 하나님이 세상을 창조하시고 뭐라고 하셨죠? "참 좋다!" 하셨는데 그 말이 '토브'입니다. 왜 하나님은 성실을 소유보다 좋다고 하셨을까요? 이것이 하나님의 가치관이기 때문입니다. 그리고 하나님이 세상을 다스리시는 원리이기 때문입니다. 우리가 오늘 이렇게 살아 있는 것은 하나님의 성실하심 때문입니다. 예레미야는 "이것들이(여호와의 인자와 긍휼이) 아침마다 새로우니 주의 성실하심이 크시도소이다"(애 3:23)라고 노래하였습니다. 우리를 향한 하나님의 인자와 긍휼이 무궁하시므로, 그 성실 때문에 오늘도 우리가 살아갑니다. 그렇지 않았다면 우리는 벌써 사라지고 없을 것입니다.

그러므로 하나님이 가장 싫어하는 것은 말과 행동이 다른 것입니다.

주께서 이르시되 이 백성이 입으로는 나를 가까이하며 입술로는 나를 공경하나 그들의 마음은 내게서 멀리 떠났나니 그들이 나를 경외함은 사람의 계명으로 가르침을 받았을 뿐이라 사 29:13

말만 들으면 믿음이 너무 좋고 훌륭한 예배자입니다. 하지만 이미 하나님한테서 마음이 멀리 떠났습니다. '하나님 잘 섬기면 복을 받는다, 예수 잘 믿으면 형통하게 된다'는 사람의 계명, 즉 사람의 가르침 때문에 하나님을 경외하는 척하는 것이지, 마음 깊은 곳에서는 하나님을 공경하지 않습니다. 그래서 하나님이 그들에게 하신 일이 무엇일까요?

그러므로 내가 이 백성 중에 기이한 일 곧 기이하고 가장 기이한 일을 다시 행하리니 그들 중에서 지혜자의 지혜가 없어지고 명철자의 총명이 가려지리라 사 29:14

여기서 기이한 일은 '지혜와 총명이 없어지는 것'입니다. 하나님의 말씀을 읽고 듣고 깨닫게 되면 지혜와 총명이 생겨납니다. 왜냐하면 하나님이 지혜의 근원이시기 때문입니다. 또 하나님의 말씀을 배우고 익히면 축복과 은혜를 받게 됩니다. 하나님이 만복의 근원이시기 때문입니다. 그런데 말씀도 읽고 기도와 예배도 드렸건만 지혜로워지지 않습니다. 총명해지지도 않고, 신앙의 깊이도, 분별력도 없습니다. 교회는 오래 다녀도 믿음도 없고, 인격도 엉망입니다. 참 이상한 일이고, 있을 수 없는 일입니다. 그런데 이런 이상한 일이 벌어집니다. 왜요? 입술의 말과 마음이 일치하지 않기 때문입니다. 마음 따로 말 따로, 말 따로 행동 따로 살아가는 것입니다. 지혜의 근원이신 하나님을 따르지 않는 사람에게는 변화가 일어날 수 없습니다.

이들은 "누가 우리를 보랴 누가 우리를 알랴"(사 29:15)고 말합니다. '어두운 데서 하는 일을 누가 알아? 사람이 안 보면 모르는 거지'라고 생각하는 것입니다. 하지만 하나님은 이들의 마음을 알고 계십니다.

> 빚음을 받은 물건이 자기를 빚은 이에게 대하여 이르기를 그가 총명이 없다 하겠느냐 사 29:16

하나님이 나를 지으셨는데 왜 내 마음을 모르시겠어요? 그런 분에게 자기 마음을 숨깁니다. 이것은 하나님을 업신여기는 것입니다. 때문에 지혜롭고 총명한 삶을 살아갈 수 없는 것입니다.

성실은 열심히 일해서 돈을 벌고 못 벌고의 문제가 아닙니다. 하나님 앞에서 '존재의 문제'입니다. 사람이 보고 안 보고의 문제가 아닙니다. 하나님이 다 지켜보고 계시기 때문입니다. 때문에 매 순간 하나님 앞에서 성실해야 합니다. 그럴 때, 성실하신 하나님이 '좋다' 인정하시고 그 사람에게 복을 주십니다.

신앙인은 어떤 사람일까요? 신앙을 입으로 고백한 사람입니다.

그런데 그 고백이 가짜라면 그 사람의 신앙도 가짜입니다. 말 한마디에 생명을 거는 것이 그리스도인입니다. "예수를 부인해라. 그럼 살려 준다" 이런 강압에 "알겠습니다. 나는 주님을 부인합니다"라고 답하면 살 수 있어요. 그러나 그렇게 말하지 않습니다. 마음과 말이 같아야 하니까요. 그래서 말 한마디 때문에 죽는 것이 그리스도인입니다. 그러니까 그리스도인의 말은 중요합니다.

내가 하나님 앞에 어떤 사람인가 알고 싶으세요? 그렇다면 내가 사람 앞에서 어떤 사람인가를 보면 됩니다. 다른 사람이 내 말을 듣고, 믿고, 인정하는가, 아니면 의심하고 인정하지 않는가? 어떤 모습인가요? 그 모습 그대로 우리는 하나님 앞에 서 있는 것입니다. 하나님을 인정하고 하나님을 섬기려면 다른 사람에게 말하는 것부터 진실해야 합니다. 인간관계에서 말과 행동이 일치하지 않는데, 하나님과의 관계에서 일치할 수 있을까요? 하나님과의 관계가 진실할 수 있을까요? 없습니다. 그러므로 성실은 인생의 원리이며 하나님 앞에서 내 존재를 드러내는 것입니다. 이것이 성실의 가치입니다.

성실의 방해물 – 조급함

하지만 성실하게 살려고 할 때, 방해물이 찾아옵니다. 바로 '조급함'입니다. '이렇게 정직하고 성실해서 언제 한번 제대로 살아 보겠는가?' 이런 마음이 듭니다. 여기에 대한 대답이 2절입니다.

지식 없는 소원은 선하지 못하고 발이 급한 사람은 잘못 가느니라 잠 19:2

소원은 히브리어로 '네페쉬'로, 본문에서는 '갈망하는 인간'을 의미합니다. 뭔가를 이루기 위해 헐떡이는 사람을 말합니다. 지식이 없는 헐떡임, 지식이 없는 갈망은 선하지 못합니다.

"나는 반드시 해야만 해. 이루고 말 거야."

그러나 지식이 없습니다. 어떤 지식이 없다는 것일까요?

먼저 '자신에 대한 지식'이 없습니다. 자기 분수를 모른다는 것입니다. 소원은 있는데, 그것이 나에게 맞는 것인지, 나에게 유익한 것인지를 모릅니다. 덮어 놓고 원하기만 합니다. 내가 무엇을 해야 할지, 나에게 맞는 것이 뭔지 고민하지 않습니다. 다른 사람들이 원하니까, 사람들이 좋다고 하니까, 그것을 하면 알아주니까, '나도 해야겠다. 반드시 이루겠다'고 달려드는 것입니다.

또 '하나님의 뜻에 대한 지식'이 없습니다. '하나님은 나에게 무엇을 원하실까?' '내가 무엇을 하면 좋을까?' 하나님의 뜻을 구해야 합니다. 하나님께 여쭙지 않고 함부로 덤벼드는 것은 선하지 못합니다. 처음에는 질문하는 것이 어렵습니다. 해본 적이 없으니까요. 하나님이 보이지도 않습니다. 내가 무능해지는 것 같기도 합니다. 그래서 의심합니다. 그러나 구하다 보면 잘 여쭙게 되고, 잘 듣게 됩니다. 성실히 하나님의 뜻을 여쭙는 것과 그렇지 않은 것은 아주 많은 차이가 있습니다.

신앙인은 두 부류로 갈라집니다. 하나님을 도구로 생각하는 사람

인생 잠언

이 있습니다. 내가 다 결정합니다. 하나님은 내 결정을 수행하는 능력 있는 종일 뿐입니다. "제가 하는 일, 형통하게 하소서" 그러면서 잘 믿는다고 착각합니다. 기도도 열심히 합니다. 그러나 자기가 주인입니다. 반대로 하나님을 주인으로 모신 사람이 있습니다. 이런 사람은 하나님께 여쭙습니다.

"하나님, 어떻게 할까요?"

마태복음 4장 5-7절 말씀을 보면, 마귀가 예수님을 시험합니다.

"성전 꼭대기에서 뛰어내려라."

왜 성전 꼭대기일까요? 당시는 성전이 가장 높은 건물이었습니다.

"뛰어내리면 하나님이 천사를 보내서 네 발이 돌에 부딪히지 않게 받들어 줄 것이다."

사탄이 성경 말씀을 인용하며 유혹합니다. 이에 대해 예수님은 "주 너의 하나님을 시험하지 말라"고 대답하셨습니다. 왜 이런 말씀을 하셨을까요? 하나님을 주인으로 여기는 사람은 하나님의 뜻을 따라 행동합니다. 뛰어내리는 것이 하나님의 뜻인지 여쭤보고, 그렇다면 뛰어내리고, 아니라면 뛰어내리지 않습니다.

마귀는 주인이 아닙니다. 마귀의 뜻은 중요하지 않습니다. 그래서 "주 너의 하나님을 시험하지 말라"라고 대답하신 것입니다. 그런데 하나님을 도구로 생각하는 사람은 자기 욕심을 따라 행동합니다. 자신이 주인이기 때문에 내 욕심대로 뛰어내린 후에 하나님께 물을 것입니다. "왜 내 발을 붙잡아 주시지 않았습니까? 하나님, 이러실 수가 있습니까? 내가 하나님을 얼마나 믿었는데, 교회 안 빠지

고 나왔는데, 십일조도 냈는데 왜 발을 안 붙잡아 주셨습니까?"라고
화를 낼 것입니다.

> 사람이 미련하므로 자기 길을 굽게 하고 마음으로 여호와를 원망하느니라
> 잠19:3

'굽게 한다'는 히브리어로 '살라프'인데, '왜곡한다' '뒤집어엎어
버린다'라는 뜻입니다. 자기 길을 자기가 다 뒤엎어 버리고 하나님
께 화를 내며 원망합니다. 때문에 성경은 "네 스스로 망쳐 놓고서
하나님을 원망하지 말라" "겉과 속이 다르게 살면서, 하나님께 묻지
도 않고 자기 욕심대로 행동하고, 하나님께서 돕지 않으셨다고 화
내고 원망하지 말라"고 말씀합니다.

　잘 살고 싶은 소원은 좋습니다. 그런데 그런 소원은 자기 욕심
에 빠지게 하기 쉽습니다. 때문에 올바른 소원이어야 합니다. 성실
하지 않은 소원, 잘못된 소원, 욕망에 붙들린 소원은 버리고 올바른
소원을 가져야 합니다. 욕심에 붙들린 마음, 자기가 주인이 된 마음
은 성실을 방해합니다.

어떻게 사는 것이 성실한 삶입니까

　그렇다면 어떻게 사는 것이 성실한 것일까요? 첫째, 정직해야 합
니다("거짓 증인은 벌을 면하지 못할 것이요 거짓말을 하는 자도 피하지 못하리라"
5절). 정직한 것이 성실한 것입니다. 5절과 9절("거짓 증인은 벌을 면하지

못할 것이요 거짓말을 뱉는 자는 망할 것이니라")에서 거짓 증인이 왜 나올까요? 성실을 배제하고 잘 살려면 거짓이 나옵니다. 거짓은 지혜가 아닙니다. 정직함이 지혜이고, 성실이 지혜입니다.

둘째, 너그러워야 합니다("너그러운 사람에게는 은혜를 구하는 자가 많고 선물 주기를 좋아하는 자에게는 사람마다 친구가 되느니라" 6절). 선물 주고 은혜 베풀기를 좋아하면 친구가 많습니다. 그러므로 가난해도 베풀어야 합니다. 꼭 돈이 아니면 어떻습니까? 관심과 사랑을 베풀면 됩니다. 항상 너그럽게 베풀면 어려울 때도 친구가 있습니다.

셋째, 사치하지 않는 것이 성실입니다. 자기 수준에 맞게 살아야 합니다. 없으면서 있는 척해 보아야 결국은 자기만 손해 봅니다. 그 사람의 인격이나 실력은 종일 수밖에 없는데 이런 사람이 남을 지배하겠다고 나서는 것도 문제입니다. 감투도 자기 머리에 맞아야 하는데, 어떻게 해서든지 높아지고, 빚을 내서라도 사치하는 것은 지혜로운 것이 아닙니다. 분수에 맞게 살아야 하고, 자기 수준에 맞는 위치에 만족해야 합니다. 그것이 성실입니다.

그럼에도 원하는 결과를 얻지 못해 화가 날 때가 있습니다. 성실하게 살았건만 보답이 없습니다. 원망하고 분노하게 되지요. 사실 세상에 대하여 분노할 필요가 없습니다. 왜냐하면 하나님이 우리의 모습을 지켜보고 계시고, 갚아 주실 것이기 때문입니다. 때문에 분노할 것이 아니라 오히려 용서하라고 말씀하십니다("노하기를 더디 하는 것이 사람의 슬기요 허물을 용서하는 것이 자기의 영광이니라" 11절).

수단과 방법을 가리지 않고 잘살고자 하는 시대입니다. 다른 사람의 모습을 보며 조급해지기도 하고, 다른 방법을 찾고 싶기도 합니다. 하지만 성실을 포기하면 안 됩니다. 성실은 하나님의 모습으로 살아가는 방법이며, 하나님께서는 그런 나를 지켜보시며 나를 값있게 사용하십니다. 성실함은 하나님께서 우리에게 주신 지혜입니다.

함께
이야기하기

1. 나에게는 어떤 성실한 모습이 있나요?

2. 성실하게 살다가 조급한 마음이 생기면 어떻게 하는 것이 좋을까요?

3. 성실히 얻는 열매와 불의하게 얻는 열매 중 어떤 것을 하나님께서 기쁘게 생각하실까요? 요즘 하나님께서 나에게 주신, 성실히 이루어야 하는 일들이 있다면 무엇입니까?

함께
기도하기

성실하신 하나님!

세상은 갈수록 성실의 가치를 외면하고 있습니다.

그러나 성실은 삶의 기본 가치이며,

인생의 원리임을 잊지 않게 하소서.

우리의 말에 거짓이 사라지기를 원합니다.

잘못된 소원을 내려 놓고 기도하며

하나님의 뜻을 묻게 하소서.

정직하게 살고, 베풀며 살고, 분수에 맞게 살게 하소서.

그리고 분노하지 않게 하소서.

성실하신 하나님께 인정받는 삶이 되게 하소서.

12 왕의 노함은 사자의 부르짖음 같고 그의 은택은 풀 위의 이슬 같으니라
13 미련한 아들은 그의 아비의 재앙이요 다투는 아내는 이어 떨어지는 물방울이니라
14 집과 재물은 조상에게서 상속하거니와 슬기로운 아내는 여호와께로서 말미암느니라
15 게으름이 사람으로 깊이 잠들게 하나니 태만한 사람은 주릴 것이니라
16 계명을 지키는 자는 자기의 영혼을 지키거니와 자기의 행실을 삼가지 아니하는 자는 죽으리라
17 가난한 자를 불쌍히 여기는 것은 여호와께 꾸어 드리는 것이니 그의 선행을 그에게 갚아 주시리라

15

질서를
지켜야 합니다

삶에는 원칙과 질서가 있습니다

서당에 다니는 아이가 어느 날 길을 가다가 동자승을 만났습니다. 자기 또래의 아이에게 말을 걸어 보고 싶어서 이렇게 물었습니다.

"애, 너 어디 가니?"

동자승이 대답했습니다.

"바람 부는 대로."

갑자기 서당 아이는 할 말이 없어졌습니다. 어디를 간다는 장소가 나올 줄 알았는데 전혀 다른 대답이 나왔기 때문입니다. 그래서 아무 말도 못하고 서당에 와서 선생님에게 물었습니다.

"그럴 때는 어떻게 말해야 하죠?"

선생님은 말했습니다.

"바람이 안 불면 어떻게 하니, 이렇게 물어보면 된다."

"아, 그렇구나! 내가 왜 진작 그런 생각을 못했지?"

서당 아이는 선생님이 가르쳐 준 대답을 외웠습니다.

다음 날 그 자리에 서 있는데 동자승이 나타났습니다. 서당 아이는 기뻐하며 물었습니다.

"얘, 너 어디 가니?"

그러자 동자승은 말했습니다.

"발길 닿는 대로."

서당 아이는 또 당황했습니다. 대답할 말을 준비해 두었는데, 그 대답을 할 수 없게 된 것입니다. 아무 말도 못한 아이는 다시 선생님께 물었습니다.

"그럴 때는 어떻게 대답해야 하죠?"

선생님은 말했습니다.

"가다가 발이 아프면 어떻게 하니, 이렇게 말하면 틀림없이 동자승의 말문이 막혀 버릴 거다."

다음 날도 서당 아이는 동자승을 기다렸다가 만났습니다. 서당 아이가 말을 걸려고 하는데 갑자기 동자승이 먼저 말했습니다.

"야, 너 거기서 뭐 하고 있어?"

그 말을 듣고 당황한 아이는 아무 말도 하지 못하고 '어어!' 하다가 서당에 와서 선생님께 이렇게 말했습니다.

"그 녀석은 도무지 당해 낼 수가 없어요."

'이럴 때는 이렇게 대답하고, 저럴 때는 저렇게 대답해라' 식으로 경우에 따른 답을 미리 암기하고 살아갈 수는 없습니다. 삶의 현장은 너무나 다양하고, 변화무쌍하기 때문입니다. 그러나 낙심할 필요는 없습니다. 어떤 상황에서도 문제를 풀 방법은 있게 마련이니까요. 그것이 바로 원칙입니다. 원칙을 알면 다양한 경우에 적용할 수 있습니다. 왜냐하면 원칙이란 여러 복잡함을 극복하고 나온 '검증된 단순함'이기 때문입니다. 그러므로 원칙을 이해하면 그 속에서 응용력이 생겨납니다. 원칙을 가지고 살면 어떤 경우를 만나더라도 당황하지 않고 대처할 수 있습니다.

원칙과 질서의 차이가 뭘까요? 원칙이 검증된 단순함이라면, 이것이 삶에서 오랜 기간 적용되고 확인되어 자리가 잡혔을 때 '질서'가 됩니다. 원칙은 세워 가는 것이고, 질서는 지켜 가는 것입니다.

우리는 흔히 '질서'라고 하면 차례를 기다리는 것이라고 생각하지만, 질서는 좀 더 큰 개념입니다. '반드시 상호간에 있어야 하는 원칙' 또는 '도리나 관계가 정립된 상태'를 의미합니다. '관계의 질서'입니다. 왕과 백성의 관계에서, 부모와 자녀의 관계에서, 또 스승과 제자의 관계에서 지켜야 할 질서가 있습니다. 특별히 국가와 지도자에 대한 질서, 가정에서의 질서, 그리고 일터에서의 질서를 살펴보고자 합니다.

지도자와의 관계

왕의 노함은 사자의 부르짖음 같고 잠 19:12상

먼저 '국가에 대한 질서'입니다. 왕은 무엇과 같습니까? '사자'와 같다고 합니다. 사자는 동물의 왕입니다. 힘과 위엄이 있습니다. 한 마디로 내 마음대로 가지고 놀 수 있는 애완동물이 아닙니다. 그런 사자를 부르짖게 하지 말라고 합니다. 사자가 왜 부르짖을까요? 기분 좋은 사자는 부르짖지 않습니다. 뭔가 기분 나쁘거나, 신경이 쓰이거나, 사냥감을 잡으려고 달려들 때 으르렁거립니다. 상대를 제압하기 위한 부르짖음입니다.

그러므로 사자를 부르짖게 하지 말라는 말은 왕의 비위를 건드리지 말라는 의미입니다. 그렇다면 왕에게 아무 말도 하지 말라는 것일까요? 아닙니다. 왕이 하는 일에 반대할 수도 있습니다. 그러나 확실한 명분이 있어야 합니다. 그리고 명분이 확실해도 피해를 볼 각오가 되어 있어야 합니다. 그렇지 않다면, 아주 심각한 문제가 아니라면 웬만하면 그냥 따라가는 것이 좋다는 말입니다. 가능한 한 대립하지 말라는 것입니다. 왜냐하면 하나님이 세우신 '주권자'이기 때문입니다.

우리는 지도자가 '내 마음에 들어야 한다'고 생각합니다. 그러나 그럴 수도 없고, 그럴 필요도 없습니다. 왜냐하면 지도자는 내 마음에 드는 사람이 아니라 '나를 이끄는 사람'입니다. 지도자는 내가 미처 보지 못한 것, 내가 이해하지 못하는 것, 내가 경험하지 못한 것을 미리 알고 따라오라고 명령합니다. 이 명령은 때로 나를 힘들게 할 수도 있습니다. 지도자는 나만을 위한 지도자가 아닙니다. 다양한 사람들의 지도자이므로 다른 사람들의 입장도 고려해야 합니다. 지도자는 미래를 향해 나아가는 사람입니다. 오늘이 편안하다

해서 안주해선 안 되는 사람입니다.

그가 지도자라는 것은 내가 그를 따라야 한다는 것이지, 그를 내 생각대로 조종할 수 있다는 것이 아닙니다. 그래서 왕을 '사자'라고 표현하는 것입니다. 따라서 지도자와 대립하거나 거역하거나, 혹은 반대자가 되지 말라는 것입니다. 그러면 무엇을 해야 할까요?

그의 은택은 풀 위의 이슬 같으니라 잠 19:12하

은택을 입어야 합니다. 권력에 대항하거나 충돌하지 말고, 은택을 입으며 살라는 것입니다. 풀 위의 이슬이란 무슨 의미인가요? 이슬이 없으면 풀은 말라 죽습니다. 비가 오지 않는 지방에서 이슬은 풀에게 절대적으로 필요합니다.

은택을 입으려면 어떻게 해야 할까요? 왕이 원하는 것은 원칙과 질서입니다. 때문에 법을 잘 지키고, 그 뜻에 순종하면 됩니다. 그러니까 왕의 진노의 대상이 되지 말고, 은택을 입으면서 살아야 한다는 것입니다. 좁게 말하면, 내가 속한 곳에서 지도자의 사랑을 받는 사람이 되어야 합니다. 이것은 인생에서 아주 중요합니다. 그래야 앞길이 열립니다.

그런데 왜 지도자에게 은택을 입어야 할까요? 지도자가 복의 통로이기 때문입니다. 다윗은 사울에게 쫓겨 죽을 고비를 여러 번 겪었습니다. 사울은 불의한 지도자입니다. 하지만 다윗은 사울을 죽일 수 있는 기회가 여러 번 있었는데도 그러지 않았습니다. 억울한 상황이 계속되었지만 참고 기다렸습니다. 사울이 하나님께서 세우신 왕이었기 때문입니다. 그 결과는 어땠습니까? 다윗은 하나님께도 사울에게도 인정을 받았을 뿐 아니라 마침내 이스라엘의 왕이 되었습니다.

어느 곳에서 잘되고 번성하려면 그곳의 지도자에게 대들면 될까요? 그러면서 복을 받을 수 있을까요? 아닙니다. 내가 속한 곳에서 윗사람을 거역하지 않고 기다리면서 그를 통해 주어지는 은혜를 받아야 합니다. 이런 질서를 알고 실천하는 것이 지혜입니다.

이 말씀은 백성뿐 아니라 왕에게도 똑같이 주어진 말씀입니다. 무슨 뜻입니까? '함부로 부르짖지 말라'는 것입니다. 사자가 으르렁거리면 숲속의 동물들이 긴장합니다. 그래서는 숲이 행복할 수 없습니다. 그러므로 지도자는 함부로 자기감정을 발산하거나 부정적인 말을 하고 험한 표정을 지어선 안 됩니다. 걸핏하면 으르렁거리지 말고 자리에 맞게 부드럽고 온화한 행동을 해야 합니다.

가정에서의 질서

가정으로 돌아가서 생각해 봅시다. 아버지가 항상 화가 나 있어서 걸핏하면 소리를 지른다면 집안 분위기가 어떨까요? 매일 살얼음판을 걷는 것처럼 불안할 것입니다. 그러므로 아버지는 함부로 진노하거나 큰소리를 내면 안 됩니다. 말도 부드럽게 하고, 부드러운 표정을 지어야 합니다. 아버지의 진노가 전적으로 아버지 책임은 아닐 것입니다. 따라서 가족은 집안의 지도자인 아버지를 존중하고 그의 말에 순종해야 합니다. 이것이 가정에서의 질서입니다.

> 미련한 아들은 그의 아비의 재앙이요 다투는 아내는 이어 떨어지는 물방
> 울이니라 잠 19:13

아버지에게 아들과 아내는 가장 소중한 존재입니다. 그런데 아들이 미련한 행동으로 속을 썩입니다. 아내는 곱게 말하지 않고 질서를 따르지도 않습니다. 사사건건 비난합니다. 다투는 마음, 거역하는 마음을 가졌습니다. 이런 아내를 "이어 떨어지는 물방울"과 같다고 합니다. 지붕에서 비가 샙니다. 보통 귀찮은 것이 아닙니다. 어느 틈으로 새는지 확인할 수도 없습니다. 한꺼번에 떨어지지도 않습니다. 지붕을 완전히 뜯어고칠 수도 없고, 그냥 둘 수도 없습니다. 큰 어려움이라는 것이지요.

그렇다면 미련한 아들과 다투는 아내에게 어떻게 해야 할까요? 화내고 욕하면 될까요? '우리 가족은 왜 다 이 모양인가?' 탄식만 하면 될까요? 으르렁거리지 말고 가르쳐야 합니다. 잘 다스리고 이끌어 가기 위해 기준을 세우고, 격려도 하면서 이끌어야 합니다. 그러면 아들이 지혜로워지고, 아내와 다투지 않게 됩니다.

왕이 백성을 잘 가르쳐서 좋은 백성을 만들어야 하듯이 가장도 가족을 잘 가르치고 다스려야 합니다. 잘 가르치고 다스리면 모두 다 좋은 자식이 되고, 좋은 아내가 될까요? 아닙니다. "집과 재물은 조상에게서 상속하거니와 슬기로운 아내는 여호와께로서 말미암으

니라"(14절) 했습니다. 하나님의 영역이 있는 것입니다.

자녀 교육을 잘 시켰다고 자랑하는 분들이 있습니다. 그런데 어느 부모가 자녀 교육을 잘못시키고 싶겠습니까? 내가 잘 가르쳐서 자식이 잘된 것인가요? 그렇게 생각한다면 교만입니다. 자녀가 잘 자라 준 것이고, 하나님이 은혜로 붙들어 주신 것입니다. 그러니 마땅히 겸손해야 합니다. 자식을 잘 키웠다고 자랑해서도, 잘못 키웠다고 배우자를 비난해서도 안 됩니다.

가장이 가족을 잘 가르치고 이끌어야 하지만, 하나님께서 그들의 마음을 붙들어 주고, 순종하도록 해야 가장의 가르침이 빛을 발하게 됩니다. 가장은 가족이 마음에 들지 않는다고 불평하고 다툴 게 아니라 '하나님이 이들을 내게 선물로 주셨다'고 믿음으로 받아들여야 합니다. 처자식을 짐으로 여기지 말고, 없으면 좋겠다고 불평하지 말고, '이들이 하나님께서 주신 복이다' 이렇게 감사로 받아야 합니다. 그리고 가족과 함께 가정의 질서를 만들어 가야 합니다. 이렇게 되도록 기도해야 합니다.

일터에서 지켜야 하는 질서

마지막으로는 경제 질서입니다. 경제적으로 안정되려면 어떻게 해야 할까요?

게으름이 사람으로 깊이 잠들게 하나니 태만한 사람은 주릴 것이니라

잠 19:15

인생 잠언

게으르면 안 됩니다. 게으르면 능력이 계발되지 않고, 미래가 없습니다. 부지런해야 합니다. 하지만 수단 방법 가리지 않고 불의한 방법으로 돈을 벌면 안 됩니다. 여기에도 질서가 있습니다.

> 계명을 지키는 자는 자기의 영혼을 지키거니와 자기의 행실을 삼가지 아니하는 자는 죽으리라 잠 19:16

의롭게 정상적으로 벌어야 합니다. 그것이 곧 계명을 지키는 것입니다. 이렇게 벌어서 어떻게 써야 할까요? 선행을 해야 합니다 ("가난한 자를 불쌍히 여기는 것은 여호와께 꾸어 드리는 것이니 그의 선행을 그에게 갚아 주시리라" 17절).

어느 성도님이 들려 준 이야기입니다. 어느 날 사장님이 불러서 갔더니 이렇게 묻더랍니다.

"이 세상에 왜 이렇게 가난한 사람이 많고, 왜 이렇게 소년소녀 가장이 많다고 생각하는가?"

대답이 생각나지 않아서 고민하다가 "팔자 아니겠습니까?" 했더니 사장님이 "아니야. 부자가 자기 역할을 다하지 않아서 그런 거네"라고 말해 충격을 받았답니다. 그리고 자기가 명색이 크리스천인데 그렇게밖에 대답하지 못했다는 사실이 너무 부끄럽고 민망했답니다. 그때 사장님이 이렇게 말했습니다.

"그래서 말인데, 내가 돈 없는 아이도 공부할 수 있는 학교를 세우려고 하는데 자네가 날 좀 도와줄 수 있겠는가?"

그래서 "알겠습니다" 하고 그 일을 돕게 되었다고 합니다.

가난한 사람들을 도와주는 일은 쉽지 않습니다. '어떻게 번 돈인데!' 싶지요. 그러나 하나님이 반드시 갚아 주십니다. 이것을 분명히 믿어야 합니다. 성경은 그 근거로 가난한 사람을 돕는 것이 '하나님께 꾸어 준 것'이라고 말씀합니다. 하나님이 빚지고 사시겠습니까? 책임지고 갚아 주십니다. 그러므로 마음 놓고 베푸십시오. 절대 손해 보지 않습니다.

성경에는 물질에 관한 가르침이 많습니다만 압축하면 세 가지입니다. 부지런히 일하고, 정당하게 벌어서, 베풀며 살라는 것입니다. 이렇게 물질을 대하지 않아서 세상이 복잡한 것입니다. 세상을 떠날 때, 우리는 아무것도 가지고 가지 못합니다. 다 두고 가야 합니다. 하나님을 바라보며 사용한 것만이 진정으로 나의 것이 됩니다.

오늘날은 거역의 영이 가득한 시대입니다. '탈권위시대'입니다. 가정이 무너지고, 돈이라면 사족을 못 쓰는 시대입니다. 이런 가운데 우리가 지켜야 할 질서는 무엇일까요?

첫째는 지도자에게 대항하지 말고, 그의 은택을 입어야 합니다. 둘째는 가장에게 순종하고, 가장들도 아내와 자녀를 귀히 여기며 잘 가르쳐야 합니다. 그리고 기도하며 가족을 내게 주신 복으로 알고 감사해야 합니다. 셋째, 일터에서 부지런히 일하고 정당하게 벌어서 베풀며 살아야 합니다. 이렇듯 말씀을 따라 질서를 지키며 살기를 바랍니다.

　　　　　　　　　　　　　　　　　　　　　인생 잠언

1. 내가 속한 곳에서 나는 리더를 어떻게 대하고 있나요? 혹은 리더로서 나는 구성원들을 어떻게 대하고 있나요?

2. 우리 가정에서 부부 관계, 혹은 자녀와의 관계는 원만한가요? 만약 좋지 않다면 서로를 향해 지켜야 할 모습에는 어떤 것이 있을까요?

3. 경제적으로 지켜야 하는 세 가지 질서 중 가장 지켜지지 않는 것이 있다면, 어떤 것인가요?

우리의 삶에 원칙과 질서를 주신 하나님!
하나님이 주신 원칙과 질서를 잘 지키고 살면
그 안에서 행복하고 형통할 수 있는데,
그것을 부정하고 자기 소견에 옳은 대로 살아가는
피곤한 시대가 되었습니다.
우리의 자유와 행복을 위해 주신
하나님의 말씀을 사랑하고 붙잡게 하소서.
그래서 바른길로 가게 하시고, 성공적인 인생이 되게 하소서.

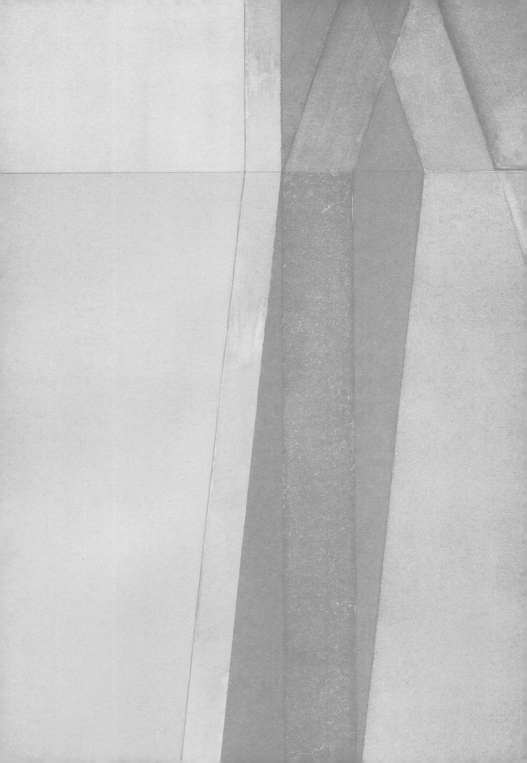

4부

잘 살고 있습니까?

품격 있는 삶

18 네가 네 아들에게 희망이 있은즉 그를 징계하되 죽일 마음은 두지 말지니라

19 노하기를 맹렬히 하는 자는 벌을 받을 것이라 네가 그를 건져 주면 다시 그런 일이 생기리라

20 너는 권고를 들으며 훈계를 받으라 그리하면 네가 필경은 지혜롭게 되리라

21 사람의 마음에는 많은 계획이 있어도 오직 여호와의 뜻만이 완전히 서리라

22 사람은 자기의 인자함으로 남에게 사모함을 받느니라 가난한 자는 거짓말하는 자보다 나으니라

23 여호와를 경외하는 것은 사람으로 생명에 이르게 하는 것이라 경외하는 자는 족하게 지내고 재앙을 당하지 아니하느니라

24 게으른 자는 자기의 손을 그릇에 넣고서도 입으로 올리기를 괴로워하느니라

25 거만한 자를 때리라 그리하면 어리석은 자도 지혜를 얻으리라 명철한 자를 견책하라 그리하면 그가 지식을 얻으리라

26 아비를 구박하고 어미를 쫓아내는 자는 부끄러움을 끼치며 능욕을 부르는 자식이니라

27 내 아들아 지식의 말씀에서 떠나게 하는 교훈을 듣지 말지니라

28 망령된 증인은 정의를 업신여기고 악인의 입은 죄악을 삼키느니라

29 심판은 거만한 자를 위하여 예비된 것이요 채찍은 어리석은 자의 등을 위하여 예비된 것이니라

16

절제가
필요합니다

분노의 메커니즘

〈친구〉라는 한국 영화에서 공부하지 않는 학생을 선생님이 때리는 장면이 나옵니다.

"니 아버지 뭐 하시노?"

"회사원입니다."

"이 녀석아, 니 아버지는 회사에 나가서 자존심 굽히고 고생하면서 너를 키우는데 이따위로 공부하냐?" 하며 때립니다.

"니 아버지는 뭐 하시노?"

"장의사인데요."

"이 녀석아, 네 아버지는 죽은 사람 뒤치다꺼리해서 너를 기르는데 이따위로 공부하냐?" 하며 또 때립니다.

"니 아버지는 뭐 하시노?"

"건달입니더."

"뭐야, 이 자식이 어디 대들어?" 하며 막 팹니다.

매를 맞던 아이는 교실을 나와 버립니다. 명분은 공부 잘하라는 훈육이었지만, 사실은 선생님의 분노가 담긴 매질이었습니다.

살다 보면 분노할 일이 생깁니다. 그런데 분노는 나쁜 것인가요, 아니면 분노해도 좋은 것인가요? 분노는 '무엇인가 잘못되었다'는 신호입니다. 그런데 문제는 그 신호를 괜찮은 척 억눌러서 질식시키거나 반대로 폭발시킨다는 것입니다. 에베소서 4장 26절은 "분을 내어도 죄를 짓지 말며"라며 분노와 죄를 분리시킵니다. 분노와 죄가 다르다는 겁니다. 오히려 분노는 잘 다스리면 좋은 것이 됩니다.

"하나님은 왜 분노의 감정을 만드셨는가?"

이렇게 질문하는 사람도 있습니다. 답은 무엇일까요? '나쁜 것을 파괴하고 좋은 것을 지키기 위해서'입니다. 우리는 소중히 여기는 것을 빼앗기게 되거나, 그것이 위험에 처하거나 공격을 받으면 분노하게 되어 있습니다. 그러므로 분노를 잘 사용하면 좋은 관계, 바람직한 삶을 영위할 수 있습니다. 분노는 우리의 삶을 제대로 굴러가게 해주는 도구입니다.

그렇다면 분노는 무엇과 같을까요? 분노는 '면역계'와 같습니다. 우리 몸의 면역체계는 좋은 것을 지키고 나쁜 것을 공격합니다. 병균이 침입하면 면역계는 즉시 백혈구를 보내 그것을 둘러쌉니다. 병균에 이름을 붙이고 다른 세포들에게 병균이 어떤 일을 한다고 알려 줍니다. 그리고 병균과 싸워서 우리 몸을 지킵니다. 그런데 면역계가 너무 약하면 병균이 퍼져 병이 듭니다. 면역계가 과민반응을 일으키면 오히려 건강한 세포를, 자기 몸을 공격합니다.

분노도 같습니다. 건강한 분노는 관계를 파괴하는 나쁜 것에 맞섭니다. 사랑, 자유, 고귀한 가치와 같은 좋은 것들을 위해 싸웁니다. 그러나 분노를 잘못 사용하면 삶을 황폐하게 만듭니다. 그러므로 분노는 좋은 것이지만 조절해야 합니다.

이번 장에선 '절제'에 대한 말씀을 나누려 합니다. 분노는 좋은 것이지만 절제가 필요합니다. 특별히 '절제가 얼마나 필요한가' '절제는 어떻게 가능한가' 그리고 '절제하지 못한 결과는 무엇인가'를 주제로 말씀을 살펴보겠습니다.

절제가 필요한 순간

절제는 언제 필요할까요? 먼저는 '자녀 교육'에 절제가 필요합니다. 자녀가 잘못했을 때는 징계해야 할까요, 하지 말아야 할까요? 해야 합니다. 자녀가 잘못할 경우, 부모는 방치해서도 안 되고, 내 기분에 따라 징계했다가 하지 않았다가 오락가락해서도 안 됩니다. '어린 것이 뭘 안다고? 이렇게 예쁜데 어떻게 징계하나?' 하십니까? 어릴수록 분명하게 가르쳐야 합니다. 어릴 때는 엄하게, 커서는 좀 느슨하게 가르쳐야 합니다.

그런데 우리나라 부모들은 반대로 합니다. 어릴 때는 봐주고, 커가면서 잡으려고 하지요. 어릴 때부터 잘못한 것은 잘못이라고 가르치고, 바로잡도록 해야 합니다. 이것이 더 큰 불행을 막는 방법입니다. 그러므로 필요하다면 징계해야 합니다.

그러나 어떤 경우에도 도를 넘어서는 안 됩니다.

네가 네 아들에게 희망이 있은즉 그를 징계하되 죽일 마음은 두지 말지니라 잠 19:18

어느 부모가 자식을 죽이려는 마음을 갖겠습니까? 그런데 분노를 제어하지 못하면 그렇게 될 수도 있습니다. 분노에 사로잡히면 "저거, 괜히 태어나 가지고 말썽이야. 저것만 없으면 세상이 편할 텐데" 하면서 말로 자식을 죽입니다. "꼴도 보기 싫다. 차라리 나가. 나가 죽어 버려!" 하고 저주를 퍼붓기도 합니다.

자녀를 징계할 때 끝까지 버리지 말아야 할 것이 있습니다. 바로 희망입니다. 자녀에겐 아직 엄청난 가능성이 있습니다. 부모인 우리도 나이가 들었지만, 여전히 새롭게 결심합니다. '이래서는 안 되겠다. 변해야 한다. 제대로 살아 보자' 계속 마음을 고쳐먹습니다. 인간은 죽을 때까지 성장하는 존재이기 때문에, 자식에 대해서도 희망을 포기하면 안 됩니다. 징계하되 희망을 버리지 말고, 사랑하는 마음으로 해야 합니다.

그런데 부모는 자녀에게 왜 분노할까요?

첫째, 부모 중심적 가치관 때문입니다. 나는 이렇게 되기를 원하는데, 자녀들은 그것을 거부합니다. 가치가 다른 것이지요. 그래서 분노합니다. 그러나 기억할 것은 자녀를 위한 부모의 소원도 완벽하지 않다는 것입니다. 자기 가치관에서 나온 것이고, 욕심에서 나오는 것이 대부분입니다. 그러므로 자녀를 바르게 기르려면 하나님의 뜻이 무엇인가를 여쭤야 합니다. 자녀를 위한 기도에도 단계가

인생 잠언

있습니다.

① 자녀에 대한 내 소원을 이루어 주소서.
② 자녀에 대한 하나님의 뜻을 알려 주소서.
③ 내 원대로 마시고 아버지의 뜻대로 하소서.

하나님이 나보다 내 자녀를 더 잘 아시고, 더 사랑하십니다. 이 것을 믿어야 합니다. 이렇게 자녀 중심적 가치관을 가지게 되면 징계할 때도 자세가 달라집니다. 자녀들도 훨씬 더 수용적이 될 것입니다.

둘째, 조급하기 때문에 자녀에게 분노합니다. 아이가 당장 내 말을 듣지 않습니다. 심지어 약속하고도 지키지 않습니다. 그러면 마음이 조급해지면서 화가 납니다.

하지만 사람은 한순간에 변하지 않습니다. 자녀를 바른길로 인도하고 싶어 애가 닳아도 자녀는 그렇게 호락호락하지 않습니다. 자녀가 부모를 떠나기까지 대략 30년이 걸립니다. 이 기간이 자녀가 변화되는 시간입니다. 하나님은 이처럼 긴 시간, 긴 호흡으로 자녀를 기르십니다. 그런데 부모가 조급해서 자기 성질을 못 이기고 분노에 사로잡혀서 험한 말을 하고, 때리기도 합니다. 절제가 필요한 것입니다.

절제는 자녀 문제뿐만 아니라, '자기 자신'에 대해서도 필요합니다. "노하기를 맹렬히 하는 자는 벌을 받을 것이라"(19절)고 했습니다. 아무리 화가 나고, 다른 사람이 나를 자극해도 감정을 다스리고 절제해야 합니다. 그렇지 않으면 사고를 치게 됩니다. 내가 화를 내는 이유는 상대방이 나를 그렇게 만들었기 때문이기도 하지만, 더 정확히는 화내는 것이 습관이 되었기 때문입니다.

> 너는 권고를 들으며 훈계를 받으라 그리하면 네가 필경은 지혜롭게 되리라 잠 19:20

분노하는 사람은 자기 분노에 대해 권고를 듣고 훈계를 받아야 합니다. 잘 받아들이면 지혜를 얻습니다. 분노에 대한 교육이 필요하고, 교육에 의해 변화가 가능하다는 것입니다.

전에 어떤 청년이 저를 찾아왔습니다. 결혼할 남자친구를 무척 사랑하는데, 그 사람이 너무 자주 화를 낸다는 것입니다.

"어떤 경우에 화를 내요?"

"언제든지 자기 요구를 거절하면 정신을 못 차리고 불같이 화를 냅니다."

"그럼 자매님은 어떻게 해요?"

"너무 힘들고 외로워져요. 그 사람과 엄청난 단절감을 느낍니다. 그런 시간이 너무 힘들어서 제가 먼저 잘못했다고 말해요. 그러면 다시 사이가 좋아져요."

"그런데 왜 나를 찾아왔어요? 그냥 그렇게 살지."

"제가 계속 이런 식으로 행동하는 것이 맞는지 알고 싶어서요. 제

인생 잠언

가 잘못했다고 말할 때 제 속에는 분노가 쌓입니다. 목사님, 제가 그 사람을 받아주고 용서해 주면 그 사람이 변할까요?"

"제가 뭐라고 대답했을 것 같습니까? 안 변합니다."

"어떻게 아세요?"

"성경에 나와 있어요. 잠언 19장 19절입니다. '노하기를 맹렬히 하는 자는 벌을 받을 것이라 네가 그를 건져 주면 다시 그런 일이 생기리라'."

"어머, 정말이네요. 그럼 저는 어떻게 해요?"

"일단 화를 너무 잘 내는 사람은 조심해야 합니다. 자기의 분노에 대해 문제가 있다는 걸 인식하고, 반드시 고치겠다는 각오를 하지 않으면 당분간 만나지 마세요. 아니면 아예 지고 살기로 결심해야 합니다."

화를 잘 내는 사람들이 하는 말이 있습니다.

"내 성격이 원래 그래, 알지?"

이렇게 말하는 것은 자기 성격을 고치지 않겠다는 뜻입니다. 그런데 타고난 성격은 변할까요, 안 변할까요? 변합니다! 타고난 기질적 특성은 변하지 않지만, 성격은 삶에 대한 반응이기 때문에 변합니다. 더구나 그리스도인들은 변해야 합니다. 왜냐하면 주인이 바뀌었기 때문입니다. 새로운 피조물이 되었기 때문에 변할 수 있고, 변해야 합니다. "나 원래 이래"라는 말은 자기합리화이면서, 여전히 자신이 주인으로 살아가겠다는 표현입니다. 안 됩니다. 정말 잘되지 않는다면, 기도해야 합니다.

"주님, 내 성격을 변화시켜 주소서. 나를 새롭게 하소서!"

절제는 신앙에서 시작됩니다

절제는 어떻게 가능할까요? 절제는 해야겠는데, 그 힘이 어디서 나올까요? 절제하는 힘은 인격이 아니라 신앙에서 나옵니다.

> 사람의 마음에는 많은 계획이 있어도 오직 여호와의 뜻만이 완전히 서리라 잠 19:21

사람이 이러저러한 계획을 세워도 결국 하나님의 뜻대로 됩니다. 이것을 믿을 때 분노를 내려놓을 수 있습니다. 내가 아무리 사람을 고치려 해도 못 고칩니다. 하나님이 고치십니다. 그러니까 "내가 반드시 너를 고치고 말겠어" 이렇게 극단적으로 갈 필요가 없습니다. 내가 할 일을 했으면 나머지는 하나님께 맡기세요. 그럴 때 내 생각대로 안 되어도 받아들일 수 있습니다. 그 사람을 하나님께 맡길 때 그 사람에 대해 여유가 생깁니다. 그 결과가 22절입니다.

> 사람은 자기의 인자함으로 남에게 사모함을 받느니라 잠 19:22상

원운동을 하려면 두 힘이 작용합니다. 원심력과 구심력인데 원심력은 밖으로 나가려는 힘이고, 구심력은 안으로 잡아당기는 힘입니다. 두 힘이 조화를 이룰 때 원을 그릴 수 있습니다. 삶의 원심력은

내 멋대로 살려는 마음입니다. 그렇게 되지 않을 때 분노하는 마음이 생깁니다. 그럼 구심력은 뭘까요? 내 멋대로 방종하지 않고, 절제하면서 원칙을 따라 살게 하는 힘입니다. 이렇게 나를 붙잡아 주는 것이 무엇일까요? '하나님의 말씀'입니다.

> 계명을 지키는 자는 자기의 영혼을 지키거니와 자기의 행실을 삼가지 아니하는 자는 죽으리라 잠 19:16

자기 영혼을 지키려면 어떻게 해야 하나요? 계명을 지켜야 합니다. 하나님의 말씀을 울면서라도 붙잡고 지켜 가면 자기 영혼을 지킬 수 있습니다. 밖으로 튕겨 나가지 않게 됩니다. 히브리서는 하나님의 말씀은 "영혼의 닻"(히 6:19)과 같다고 말씀합니다. 바다에 떠 있는 배가 흔들리지도 떠내려가지도 않는 이유는 배의 닻을 내렸기 때문입니다.

> 여호와를 경외하는 것은 사람으로 생명에 이르게 하는 것이라 경외하는 자는 족하게 지내고 재앙을 당하지 아니하느니라 잠 19:23

23절에서 그 사실은 더 명확해집니다. 여호와를 경외하는 마음을 가질 때 우리는 흔들리지 않게 되고, 생명의 길을 가게 됩니다. 나중에는 만족하며 평안하게 됩니다. 인생의 복된 열매를 맺는 것입니다. 여호와를 경외할 때, 말씀을 붙들고 살아갈 때, 분노를 이기고 진리의 길을 걸어갈 수 있습니다.

> 게으른 자는 자기의 손을 그릇에 넣고서도 입으로 올리기를 괴로워하느니
> 라 잠 19:24

'편한 것'에도 절제가 필요합니다. 설거지하기 싫어서 굶는다는 사람도 보았습니다. 우리 몸은 한없이 편한 것을 추구합니다. 그러나 그렇게 살면 안 됩니다. 나이가 들수록 가능하면 몸을 움직여야 합니다. 게으른 사람은 아무리 좋은 기회가 와도 그것을 붙잡지 못합니다.

한때 일본의 어르신들 사이에서 이런 운동이 벌어졌다고 합니다.

"젊은이들이 출퇴근할 때는 나오지 말자. 전철을 타려면 우리도 고생이고, 열심히 일하는 젊은이들에게도 방해가 되니까 출근 시간에는 가능하면 이동하지 말자. 그리고 전철 안에서 자리가 나면 어른이 일어나자. 나는 노는 사람이고, 젊은 사람들은 일하러 가는데 앉을 수 있도록 배려하자. 어차피 운동도 해야 하는데 일어나 있으면 좋지 않은가?"

물론 몸이 불편하거나 너무 연로한 분들은 예외겠지만, 건강한 어른은 이런 생각을 가지고 살아갑니다.

교회에서도 이런 운동을 벌이면 어떨까 생각해 보았습니다.

'젊은 사람들은 일주일 내내 할 일도 많았으니 교회에 와서까지 일하지 말고 교회 와서는 쉬어라. 우리가 할게. 시간이 많은 우리가

주일에 온전히 봉사하면 얼마나 좋겠는가.'

신앙적으로도 좋고, 섬김의 좋은 본보기가 될 수도 있을 것입니다.

자식 사랑에도 절제가 필요합니다

> 아비를 구박하고 어미를 쫓아내는 자는 부끄러움을 끼치며 능욕을 부르는 자식이니라 잠 19:26

부모를 무시하면 하나님이 너를 부끄럽게 만들겠다는 뜻입니다. 부모를 슬프게 하면서 내가 잘되기를 바랍니까? 하나님이 허락하시지 않습니다. 그런데 자녀가 왜 이런 모습을 보이는 겁니까? 자식 사랑에 절제가 없었기 때문입니다.

부모는 자식이라면 하나라도 더 먹이고 입히려고 안달을 합니다. 따라다니면서 입에 억지로 넣어 주기까지 합니다. 하지만 자신들의 부모님한테는 먹는지 굶는지 묻지도 않습니다. 관심이 없는 겁니다. 자녀에 대한 집착을 내려놓으면, 부모님의 모습이 보일 것입니다.

듣는 것에도 절제가 필요합니다. 아무 소리나 다 듣는 것이 아닙니다. 잘못된 소리, 헛소리, 나쁜 소리가 너무나 많습니다. 다 들으면 영혼을 지킬 수 없습니다("내 아들아 지식의 말씀에서 떠나게 하는 교훈을 듣지 말지니라" 27절). 잘못된 소리에는 귀를 막아야 합니다. 대신 하나

4부 잘 살고 있습니까?

님의 말씀, 생명의 말씀에 귀를 기울여야 합니다.

> 심판은 거만한 자를 위하여 예비된 것이요 채찍은 어리석은 자의 등을 위
> 하여 예비된 것이니라 잠 19:29

29절은 절제하지 못한 결과입니다. 결국 심판과 채찍을 받게 됩니다. 하나님이 말씀하시는데 듣지 않다가 결국 문제가 터집니다. 지혜로운 사람은 고요한 가운데서 하나님이 주시는 말씀을 깨닫고 자기를 고칩니다. 하나님의 말씀을 듣고 순종하며, 붙잡습니다. 지혜로운 사람은 하나님의 말씀을 통해 절제하는 삶을 살아갑니다. 그리고 그러한 삶을 살아갈 때, 하나님께서 그 영혼을 보존하고, 삶의 열매가 풍성하도록 은혜를 주십니다.

인생 잠언

1. 살면서 가장 크게 분노한 적은 언제였나요? 분노한 이유는
   무엇이었나요?

2. 혹시 절제하지 못해서 후회한 적이 있나요? 그때 절제하지
   못한 이유는 무엇이었나요?

3. 내 삶에서 절제해야 하는 것들을 적어 보고, 절제해야 하는
   순간이 찾아올 때 외칠 절제의 말씀을 정해 봅시다.

사랑의 하나님!

분노가 점점 많아지는 세상입니다.

그러나 그런 중에도 절제하게 하소서.

하나님의 말씀을 붙잡아야 내 영혼을 지킬 수 있습니다.

주님의 말씀이 내 영혼의 닻이 되어 나를 붙들어 주소서.

분노 때문에 인생이 파괴되지 않고,

오히려 분노를 잘 관리해서 우리의 삶이 안정되고

열매가 풍성하게 해주소서.

1 포도주는 거만하게 하는 것이요 독주는 떠들게 하는 것이라 이에 미혹되는 자마다 지혜가 없느니라

2 왕의 진노는 사자의 부르짖음 같으니 그를 노하게 하는 것은 자기의 생명을 해하는 것이니라

3 다툼을 멀리 하는 것이 사람에게 영광이거늘 미련한 자마다 다툼을 일으키느니라

4 게으른 자는 가을에 밭 갈지 아니하나니 그러므로 거둘 때에는 구걸할지라도 얻지 못하리라

5 사람의 마음에 있는 모략은 깊은 물 같으니라 그럴지라도 명철한 사람은 그것을 길어 내느니라

6 많은 사람이 각기 자기의 인자함을 자랑하나니 충성된 자를 누가 만날 수 있으랴

7 온전하게 행하는 자가 의인이라 그의 후손에게 복이 있느니라

8 심판 자리에 앉은 왕은 그의 눈으로 모든 악을 흩어지게 하느니라

9 내가 내 마음을 정하게 하였다 내 죄를 깨끗하게 하였다 할 자가 누구냐

10 한결같지 않은 저울 추와 한결같지 않은 되는 다 여호와께서 미워하시느니라

11 비록 아이라도 자기의 동작으로 자기 품행이 청결한 여부와 정직한 여부를 나타내느니라

12 듣는 귀와 보는 눈은 다 여호와께서 지으신 것이니라

17

미혹에서
벗어나야 합니다

눈을 떠야 합니다

한 젊은이가 안데스산맥을 탐험하다가 절벽 밑으로 떨어져 실종되었습니다. 수색대는 그를 찾지 못하고 철수했습니다. 젊은이는 며칠 후 깨어났습니다. 정신을 차리고 낯선 길을 따라가 보니 큰 마을이 나왔습니다. 대낮인데 거리에는 사람도 없고, 집들마다 창문이 보이지 않았습니다. 그런데 날이 어두워지자 갑자기 사람들이 집에서 나오는데, 자세히 보니 모두 장님이었습니다. 그는 놀랐지만 너무 배고프고 목이 말라서 도움을 청하자 마을 사람이 "따라오세요" 하고 길을 안내했습니다. 어떤 집으로 들어갔는데, 집 안이 온통 깜깜하고 등불도 없었습니다. 음식을 내오자 어두워서 잘 보이지는 않았지만 열심히 먹었습니다.

마을 사람들이 몰려와서 질문을 해댔습니다.

"어디서 왔느냐? 왜 이곳으로 왔느냐? 어떤 길로 왔느냐?"

젊은이는 그들의 질문에 열심히 대답했지만, 마을 사람들은 그

내용을 알아듣지 못했습니다. 그들은 바깥세상에 대하여 아무것도 몰랐습니다. 아름다운 하늘과 푸른 바다도 이해하지 못했고, 오히려 젊은이를 이상하다고 생각했습니다. 사람들은 젊은이를 감시하기 시작했습니다.

그들은 해가 뜨면 자고, 밤이 되면 나와서 일했습니다. 낮과 밤이 완전히 바뀐 생활을 한 것입니다. 그것이 힘들다고 하자 사람들은 오히려 "너는 왜 거꾸로 사느냐?"고 젊은이를 비웃었습니다. 답답해진 젊은이가 마을 주변을 둘러보려 하자 "너 어디 가는 거냐?" 하며 기가 막히게 알아채고는 길을 막았습니다.

처음에 젊은이는 맹인들만 사니까 자기가 그들을 이용하여 뭔가 할 수 있을 것이라 생각했습니다. 하지만 오히려 그가 포로처럼 갇혀서 살아가고 있었습니다. 사람들은 그를 의심하고 자유를 주지 않았습니다. '어떻게 하면 여기서 안전할 수 있을까?' 고민하던 그는 마을 사람들에게 말했습니다.

"저는 지금까지 병이 들어서 헛소리를 했습니다. 이제 다 나았습니다. 지금까지 제가 한 말은 모두 다 꾸며 낸 이야기였습니다."

마을 사람들은 이 말을 듣고 즐거워했습니다.

젊은이가 머물던 집 막내딸은 상냥하고 아름다운 아가씨였습니다. 두 사람은 서로 사랑했고, 결혼을 약속했습니다. 그러나 다른 가족들과 마을 사람들은 두 사람의 결혼에 한 가지 조건을 제시했습니다. 만약에 젊은이가 또 헛소리를 하면 안 되니까 그를 병들게 하는 눈을 빼고 결혼을 시키자는 것이었습니다. 이 말을 듣고 막내딸은 기쁨의 눈물을 흘렸습니다.

사람들이 잠든 그날 낮, 젊은이는 누워서 생각했습니다.

'이제 날이 저물면 저 사람들은 잠에서 깨어나 내 눈을 빼고 나를 받아들일 것이다. 그럼 나는 영원히 장님이 되는 것이다. 어떻게 할까? 장님이 되어 여기서 살까? 아니면 이곳을 벗어나 내 나라로 돌아가야 할까?'

고민하던 그는 마침내 마을을 탈출하기로 결심합니다.

'아무도 의심하지 않는 오늘을 놓치면 기회는 다시 오지 않는다.'

그는 있는 힘을 다해 뛰기 시작했습니다. 마을을 벗어나 뛰고 또 뛰고, 산을 오르고 또 오르면서 몸은 상처투성이가 되었습니다. 마침내 그는 높은 산꼭대기를 넘었습니다. 더 이상 지쳐서 움직일 수 없게 되었을 때 그는 쓰러졌습니다. 누워서 하늘을 바라보니, 밤하늘에 아름다운 별이 가득했습니다. 그는 행복한 미소를 지었습니다.

영국의 소설가이며 문명 비판가인 허버트 조지 웰스(Herbert George Wells)의 단편 〈맹인들의 나라〉에 나오는 내용입니다. 맹인의 나라에 머물지 말고 빠져나와야 한다, 눈을 빼앗기지 말고 떠야 한다, 보이는 현실에 안주하면서 더 높은 세계를 잃어버려서는 안 된다는 것을 경고하고 있습니다.

영적으로도 눈을 뜬 사람과 눈을 뜨지 못한 사람이 있습니다. 영적으로 눈을 뜨지 못한 사람들 속에서 눈을 뜬 사람은 어떻게 해야 할까요?

술의 미혹

유대인들은 포도주를 즐겨 마십니다. 하지만 술을 조심해야 한다는 분명한 의식을 가지고 있습니다. 술을 조심한다는 건 구체적으로 어떤 것일까요? 신약성경에서 포도주라는 말은 발효된 술과 발효되지 않은 포도즙, 두 가지를 다 의미합니다.

발효된 포도주는 알코올 함량이 7~10%입니다. 이것을 그냥 먹었을까요? 아닙니다. 물에 타서 마십니다. 대개 포도주 한 잔에 물 세 잔을 타서 마시는 것이 관례입니다. 이렇게 하면 알코올 농도는 2% 정도가 됩니다. 이런 포도주를 히브리어로 '야인'이라고 부릅니다. 지금도 이렇게 만든 포도주가 있는데 알코올이 2%입니다. 한편 물을 타지 않은 포도주도 있는데, 히브리어로 '쉐카르'라고 부르며, 독주입니다. 이스라엘 백성들 사이에서 독주는 금지되었습니다.

포도주를 마시는 것과 관련해 좋은 예는 다니엘입니다. 다니엘은 바벨론 땅에서 하나님의 사람으로 살기 위해 영적인 결단을 내립니다. 다니엘서 1장 8절은 다니엘의 결정을 이렇게 표현합니다.

> 다니엘은 뜻을 정하여 왕의 음식과 그가 마시는 포도주로 자기를 더럽히지 아니하리라 하고 단1:8

하나님의 사람으로 살기 위해 술을 먹지 않기로 결심한 것입니다.

불신자들로부터 이런 얘기를 자주 듣습니다.

"술 먹으면 천국에 못 가나요? 지옥에 갑니까?"

한국 교회가 술을 금지하는 것은 그래서가 아닙니다. 술을 좋아하는 우리나라에 기독교가 들어왔을 때 이 술로 인해 많은 문제가 일어났습니다. 뿐만 아니라 일제는 우리 민족으로 하여금 술을 먹도록 조장했습니다. 나쁜 술 문화를 조성해서 몸을 망치고, 도덕적으로 타락하게 만들어 우리 민족을 지배하려 한 것입니다. 그래서 술은 당시 망국병이라 불렸습니다.

이런 음주 문화로 인해 교회는 술을 금하기로 결정했습니다. 당시 총회의 결의로 금주를 선포한 것이 지금까지 이어지고 있습니다. 그런데 오늘날은 의학적으로도 술이 몸에 좋지 않다는 것이 밝혀져 많은 사람이 술을 절제하거나 아예 입에 대지도 않습니다. 이렇게 되기까지 기독교가 많은 역할을 했습니다. 좋은 전통은 잘 이어 갈 필요가 있습니다.

> 포도주는 거만하게 하는 것이요 독주는 떠들게 하는 것이라 이에 미혹되는 자마다 지혜가 없느니라 잠 20:1

성경은 술을 마시면 거만하게 되고 떠들게 된다고 말씀합니다. 통제력을 상실하기 때문입니다. "짜식들 말이야, 내가 누군 줄 알고!" 이렇게 거만하게 떠드는 것입니다. 절제를 잃고, 인격과 교양을 팔아 버린 모습입니다.

건강은 어떨까요? 술에 취하면 해독을 위해 간과 신장이 무리를 하게 됩니다. 술을 마실 때마다 뇌세포도 파괴됩니다. 의지가 약해지고 자기 통제력이 떨어지면서 점점 도피적이 되고, 실수가 많아집니다.

> 왕의 진노는 사자의 부르짖음 같으니 그를 노하게 하는 것은 자기의 생명을 해하는 것이니라 잠 20:2

거만하게 떠들다가 왕 앞에서 해서는 안 되는 말을 했습니다. "내가 왕 앞이라고 해야 할 말을 못할 줄 알아?" 이렇게 객기를 부린 것입니다. 그러니 사람들과 다툼이 많아질 수밖에요. 게을러서 밭을 갈지도 않습니다. 밭을 갈지 않았으니 추수할 것도 없고 그러니 가난해집니다. ("미련한 자마다 다툼을 일으키느니라 게으른 자는 가을에 밭 갈지 아니하나니" 3-4절)

> 사람의 마음에 있는 모략은 깊은 물 같으니라 그럴지라도 명철한 사람은 그것을 길어 내느니라 잠 20:5

열 길 물속은 알아도 한 길 사람 속은 알기 어렵습니다. 하지만 지혜로운 사람은 한마디 대화를 하더라도 다른 사람의 진실과 고민을 읽어 냅니다. 그런데 술을 마시면 이런 분별력이 없어집니다. 또 술을 마시면서 하는 말은 허풍이 많습니다. "내가 이래 봬도" 하며 거들먹거리고 허풍을 떱니다. 그래서 이스라엘에서는 술 먹고 한

인생 잠언

말은 술 깬 후에 다시 말해야 합니다. 사랑의 고백도 달밤에 했다면 낮에 다시 해야 합니다. 밤에 술을 마시고 한 얘기는 감정적으로 치우쳐서 한 말이기 때문에 신뢰할 수 없다는 것입니다.

심판 자리에 앉은 왕은 그의 눈으로 모든 악을 흩어지게 하느니라 잠 20:8

권위와 위엄이 있던 왕이 술을 마시면 권위를 잃게 됩니다. 또한 술을 마시면 유혹에 약해지고 타협하거나 범죄에 이용되기 쉽습니다.

술을 마시는 이유

그렇다면 왜 술을 마실까요? 많은 사람이 괴롭고 답답해서 술을 마십니다. 그러나 괴로울 때 술을 마시면, 몸이 더 나빠집니다. 괴로울 때는 어떻게 해야 할까요? 귀를 만드신 분도 하나님이요, 눈을 만드신 분도 하나님이십니다. 그 하나님이 우리의 말을 듣지 못하겠습니까? 우리의 사정을 알지 못하겠습니까? 그러므로 괴롭고 답답할 때 술을 마실 것이 아니라 하나님께 마음을 털어놓고 그분께 기대야 합니다("듣는 귀와 보는 눈은 다 여호와께서 지으신 것이니라" 12절).

와인을 한잔 마시면 꽤나 멋을 아는 것 같고 낭만이 있어 보이지 않나요? 이것은 상업주의가 만들어 낸 그림입니다. 겉으로는 그렇게 보이지만 속을 보면 그렇지 않습니다. 미국 최초 6성 장군인 존 퍼싱(John J. Pershing)은 이렇게 말했습니다.

"음주는 모든 전쟁 때문에 희생된 사람보다 더 많은 사람들을 희생시켰다."

술로 인한 피해는 다 설명할 수 없을 만큼 너무나 많습니다. 본문은 술에 대해 한마디로 정의합니다.

이에 미혹되는 자마다 지혜가 없느니라 잠 20:1하

지혜가 무엇인가요? '하나님을 경외하고 내가 누구인가, 내가 하나님 앞에서 무엇을 해야 하는가'를 알고 행하는 것이 지혜입니다. 그런데 술은 그것을 방해합니다. 하지만 우리를 미혹하는 것은 술만이 아닙니다. 우리 주변에는 우리를 미혹하는 것이 너무나 많습니다. 술은 미혹하는 것의 상징입니다.

우리를 미혹하는 것들

술을 마시지 않으면 미혹되지 않을까요? 아닙니다. TV를 보면 광고가 우리를 미혹합니다. 세상의 여러 가지 가치관이 우리를 미혹합니다. 이 세상에는 우리를 미혹하는 것들이 너무나 많습니다. 돈에 미혹된 사람도 많고, 쾌락과 명예와 권력에 미혹된 사람도 많습니다. 하나님보다 더 믿고 의지하는 것이 우리를 미혹시키는 것입니다.

우리가 미혹될 때, 왕의 진노를 사게 됩니다.

"하나님이 우리를 어떻게 창조하셨고, 인생의 목적이 무엇인데,

인생 잠언

하나님이 얼마나 우리를 사랑으로 돌보시고 복을 주셨는데, 네가 어디다 마음을 빼앗기고 살아가는 것이냐?"

술은 부드럽게 다가오고, 기쁨과 행복을 주는 것 같습니다. 그러나 사실은 우리를 미혹합니다. 미혹하는 모든 것이 그렇습니다. 우리가 미혹될 때 하나님은 진노하십니다. 미혹하게 만드는 것들의 특징이 술 취함의 현상과 같습니다. 그래서 성경은 말씀합니다.

> 술 취하지 말라 이는 방탕한 것이니 오직 성령으로 충만함을 받으라
> 엡 5:18

그리고 그 앞에 이런 말씀이 나옵니다.

> 세월을 아끼라 때가 악하니라 그러므로 어리석은 자가 되지 말고 오직 주
> 의 뜻이 무엇인가 이해하라 엡 5:16-17

미혹되면 어리석어집니다. 어리석은 사람은 주님의 뜻을 분별하지 못합니다. 방탕하게 됩니다. 인생을 낭비합니다. 그러므로 미혹에서 벗어나야 합니다. 나를 술에게 내주지 말고, 미혹하는 것에 내주지 말고, 다만 성령께 붙들려야 합니다. 술을 의지하지 말고, 하나님을 의지해야 합니다. 미혹에 빠지지 말고, 성령께 나를 맡겨야 합니다. 그럴 때 인생을 제대로 살 수 있고, 하나님 앞에서 후회 없는 인생을 살게 됩니다.

얼마 전에 신앙생활을 열심히 하는 분에게 "신앙이 깊어진 계기가 있습니까?"라고 물으니 이렇게 말했습니다.

　"네 있습니다. 저는 모태신앙인데, 마흔이 넘도록 형식적으로 교회 생활을 했습니다. 마음속에서 '이래서는 안 되는데, 이렇게 인생을 끝낼 순 없는데'라는 생각이 들어서 하나님께 기도했습니다. '제대로 믿고 싶은데 믿어지지 않습니다. 목사님의 말씀을 들으면서 예의로 머리를 끄덕거리는 것도 이제는 싫습니다. 듣지만 믿어지지 않습니다. 분명히 하나님의 말씀인데, 하나님이 저에게 하시는 말씀인데, 하나님이 제 앞에 나타나셔서 저에게 일대일로 하시는 말씀처럼 들을 수 있게 해주십시오.' 그때 마음속에 이런 생각이 들었습니다. '내가 바뀔 수는 없지, 네가 바뀌어라.' 그래서 하나님이 제 앞에 서 계시는 것처럼 손을 이렇게 모으고, 네네! 하면서 거룩한 마음으로 들었습니다. 제 영혼이 살기 위해서였습니다. 그렇게 몇 달이 지나자 말씀이 들려오기 시작하는데, 가슴에 쾅쾅 박혀서 가슴을 뜨겁게 달궜습니다. 말씀이 믿어지고, 예배의 감격과 기쁨을 누리게 되었습니다. 말씀을 들어서 아는 것과 그 말씀을 믿는 것은 전혀 다른 것임을 알게 되었습니다. 믿게 되자 얼마나 행복하고 든든한지, 제가 정말 새로 태어난 것을 알게 되었습니다. 그래서 즐겁게 봉사하고 섬기다 보니 여기까지 왔습니다. 말씀을 붙들기로 결심한 것, 그것을 통해 저는 불신의 늪에서 벗어났습니다."

　이 세대는 마음이 미혹된 세대입니다. 여기서 벗어나려면 어떻게 해야 할까요? 결국 말씀을 붙들어야 합니다. 눈에 보이는 것만 보고, 귀에 들리는 것만 들으며 살면 미혹됩니다. 더 높은 하나님을 바라보고, 하나님의 말씀을 듣고 그 음성에 귀를 기울일 때 미혹에서 벗어날 수 있습니다.

> 속지 말라 악한 동무들은 선한 행실을 더럽히나니 깨어 의를 행하고 죄를 짓지 말라 고전 15:33-34

가장 큰 영적인 속임수는 "하나님이 어디 있어? 부활을 믿을 수 있나?" 이런 말입니다. 속아서는 안 됩니다. 하나님은 살아 계시고, 부활은 확실한 사건입니다. 세상에 참 좋아 보이는 것이 많긴 하지만, 하나님으로부터 떠나가게 하는 미혹에서 벗어나 진리의 말씀을 붙잡고 전진할 때, 참된 기쁨과 즐거움을 발견하게 될 것입니다.

1. 신앙인의 음주 문제에 대해 이야기를 나눠 봅시다.

2. 미혹을 당하는 이유는 무엇일까요?

3. 나에게 참된 기쁨과 즐거움을 줄 수 있는 분은 누구일까요?
   그리고 그분이 나에게 원하시는 것은 무엇일까요?

살아 계신 하나님!

이 세상에는 우리를 미혹하는 것들이 많습니다.

그것에 사로잡혀 살지 않게 하소서.

우리를 거기서 자유롭게 하소서.

그래서 마땅히 되어야 할 우리가 되게 하시고,

술 취한 인생이 아니라

성령 충만한 인생을 살게 하소서.

13 너는 잠자기를 좋아하지 말라 네가 빈궁하게 될까 두려우니라 네 눈을 뜨라 그리하면 양식이 족하리라

14 물건을 사는 자가 좋지 못하다 좋지 못하다 하다가 돌아간 후에는 자랑하느니라

15 세상에 금도 있고 진주도 많거니와 지혜로운 입술이 더욱 귀한 보배니라

16 타인을 위하여 보증 선 자의 옷을 취하라 외인들을 위하여 보증 선 자는 그의 몸을 볼모 잡을지니라

17 속이고 취한 음식물은 사람에게 맛이 좋은 듯하나 후에는 그의 입에 모래가 가득하게 되리라

18 경영은 의논함으로 성취하나니 지략을 베풀고 전쟁할지니라

19 두루 다니며 한담하는 자는 남의 비밀을 누설하나니 입술을 벌린 자를 사귀지 말지니라

20 자기의 아비나 어미를 저주하는 자는 그의 등불이 흑암 중에 꺼짐을 당하리라

21 처음에 속히 잡은 산업은 마침내 복이 되지 아니하느니라

22 너는 악을 갚겠다 말하지 말고 여호와를 기다리라 그가 너를 구원하시리라

23 한결같지 않은 저울 추는 여호와께서 미워하시는 것이요 속이는 저울은 좋지 못한 것이니라

24 사람의 걸음은 여호와로 말미암나니 사람이 어찌 자기의 길을 알 수 있으랴

25 함부로 이 물건은 거룩하다 하여 서원하고 그 후에 살피면 그것이 그 사람에게 덫이 되느니라

26 지혜로운 왕은 악인들을 키질하며 타작하는 바퀴를 그들 위에 굴리느니라

27 사람의 영혼은 여호와의 등불이라 사람의 깊은 속을 살피느니라

28 왕은 인자와 진리로 스스로 보호하고 그의 왕위도 인자함으로 말미암아 견고하니라

29 젊은 자의 영화는 그의 힘이요 늙은 자의 아름다움은 백발이니라

30 상하게 때리는 것이 악을 없이하나니 매는 사람 속에 깊이 들어가느니라

18

정직한 사람이
됩시다

인생은 쉽지 않습니다

미국의 정신분석가 스콧 펙(M. Scott Peck)은 "인생이 왜 이렇게 힘들고 복잡한가? 왜 인생이 꼬이고 갈수록 풀리지 않는가? 그 이유는 사람들이 자기 인생에 대해 정직하지 않기 때문이다"라고 말했습니다. 그렇다면 인생에 대해 정직하다는 것은 무엇일까요?

첫째, 세상살이가 쉽지 않다는 것을 인정하는 것입니다. 사람들은 말로는 세상살이가 쉽지 않다고 하면서 마음속으로는 '세상살이는 쉬워야 한다. 행복은 당연한 것이다'라고 생각합니다. 아닙니다. 세상살이는 쉽지 않고, 행복은 당연하지 않습니다.

둘째, 그러나 내가 수고하고 노력하면 그만큼 나아진다는 걸 믿는 것입니다. '그러므로 어렵고 힘들어도 할 수 있다' 이런 자세를 가져야 합니다. 하지만 많은 사람이 현재 상황에 직면하지 않고 회피하면서 시간이 지나면 저절로 해결될 것이라고 착각합니다.

셋째, 계속 문제가 사라지지 않는다면 '내 판단과 생각의 지도에 문제가 있구나' 인정하고 고치는 것입니다. 잘못을 인정하고 고치는 것이 결코 쉽지 않지만, 그래야 근본적으로 회복할 수 있고, 성숙할 수 있고, 아름다운 모습으로 변해 갈 수 있습니다.

우리 인생이 힘든 것은 세 가지에 대해서 정직하지 못하기 때문입니다.

어느 모임에 갔다가 옆에 앉은 사업가와 대화를 나누게 되었습니다. "인생의 좌우명이 무엇입니까?" 하고 물었더니 그분이 1초의 망설임도 없이 이렇게 대답했습니다.

"제 인생의 좌우명은 '하나님 앞에서 까불지 말자'입니다."

"참 독특하군요. 그러나 정말 마음에 와닿습니다. 이런 인생의 좌우명을 가지게 된 계기가 있습니까?"

"제가 똑똑한 척하다가 무척 고생했거든요. 하나님 무서운 줄 알았습니다. 그래서 까불지 말자고 정한 겁니다."

저는 말했습니다.

"성경에도 사장님과 똑같은 좌우명을 가진 분이 있었습니다."

"그게 누굽니까?"

"솔로몬입니다. 솔로몬은 전도서 7장 29절에서 인생이 복잡해진 이유를 설명합니다. '내가 깨달은 것은 오직 이것이라 곧 하나님은 사람을 정직하게 지으셨으나 사람이 많은 꾀들을 낸 것이니라.' 하나님 앞에 정직하면 되는데, 사람들이 잔꾀를 부려서 복잡해진다는 것입니다."

우리는 흔히 정직을 '거짓말을 하지 않는 것'으로 생각합니다. 그러나 정직은 그보다 훨씬 더 큰 개념입니다. 그날 만난 사업가처럼 하나님 앞에서 잔꾀를 부리지 않는 것입니다. '하나님 앞에서 까불지 말자'를 성경적인 용어로 바꾸면 '하나님 앞에서 잔꾀를 부리지 말자'가 됩니다. 잔꾀의 반대말이 뭘까요? 정직입니다. 그러므로 하나님 앞에서 정직한 사람이 되어야 합니다. 그럴 때 우리 인생은 단순해지고 평화롭고 행복해집니다.

정직의 다양한 모습

우리 삶에서 정직은 어떤 모습으로 나타날까요? 또한 정직한 삶의 결과는 무엇일까요?

> 너는 잠자기를 좋아하지 말라 네가 빈궁하게 될까 두려우니라 네 눈을 뜨라 그리하면 양식이 족하리라 잠 20:13

'잠자기를 좋아하지 말라'는 이유는 가난해지기 때문입니다. 잘 살겠다는 소원은 좋은 것입니다. 그러나 저절로 되지는 않습니다. 대가를 지불해야 합니다. 바로 부지런해야 하는 것입니다. 열심히 일해야만 잘살 수 있습니다. 이것이 정직한 삶의 자세입니다. 물론 사람은 자야 합니다. 그러나 게으름의 잠을 자서는 안 됩니다. 게으름을 피우면서 내가 왜 못사는가 원망하면 안 됩니다. 정직하지 않은 것입니다.

물건을 사고팔 때도 정직해야 합니다. 그런데 사는 사람도, 파는 사람도 거짓말을 많이 합니다. 파는 사람은 자기 물건이 좋지 않은데도 좋다고 합니다. 남기면서도 손해 본다고 합니다. 사는 사람은 물건이 좋고 마음에 드는데도 "이 물건이 나쁘다!"고 트집을 잡습니다. 가치를 알면서도 깎아내립니다. 살 때는 나쁘다고 해놓고 산 다음에는 좋다고 자랑합니다. 파는 사람이나 사는 사람이나 솔직하지 못합니다. 상인은 이익을 남기는 게 당연하지만, 그럼에도 작은 이익 때문에 진실을 팔거나 양심을 속여서는 안 됩니다.

양쪽이 모두 정직할 수는 없을까요? 있습니다. 태도를 바꾸면 됩니다. 어떤 물건이 마음에 들어 사고 싶다면 솔직하게 표현하는 겁니다.

"물건이 좋네요. 마음에 듭니다. 그런데 가진 돈이 이것밖에 없습니다."

아니지요. 이 말도 사실은 거짓말인 경우가 많습니다. 지갑에 더 있잖아요. 그러니까 "맘에 드는데 이 정도 가격에 주실 수 있어요?" 이렇게 물어보면 됩니다.

전에 제 아내가 시장에 다녀온 이야기를 해주었습니다.

"오늘 남대문 시장에 갔다가 참 좋은 분을 만났어요. 수건용 천을 구입하려고 한 옷감 가게에 들렀는데, 하얀 무명이 가득하기에 '무명이 참 좋습니다. 좋은 일 하시네요'라고 주인에게 말을 건넸죠. 그랬더니 그분이 돈 벌려고 장사하는 건데 무슨 좋은 일을 한다는 거냐며 의아해 하더라고요. 그래서 '아니에요. 아기가 태어났을 때 맨 먼저 싸 주는 것도 무명이고 사람이 죽었을 때 몸을 감싸는 수의도

무명으로 만들잖아요. 태어나면서부터 죽을 때까지 꼭 필요한 옷감을 파시는데 얼마나 좋은 일인가요?'라고 했지요. 그랬더니 그분이 '저 오늘 참 행복하네요. 손님처럼 말하는 분은 처음 봤습니다. 감사합니다. 그런데 무명은 어디에 쓰실 건가요'라고 묻더군요. 그래서 더운 나라로 선교여행 가는 교인들이 쓸 수건을 만들려고 한다고 말씀드렸죠. 목에 감고 다녀도 되고, 모자에 넣어 그늘을 만드는 데 쓸 수도 있고, 급하면 수건으로도 사용할 수 있는 다용도 수건이요. 그랬더니 그분이 원하는 크기로 천을 잘라서 올이 흐트러지지 않게 가장자리까지 박아서 도매가격으로 보내주겠다는 거예요. 심지어 직접 들고 가기엔 무거울 테니 아예 택배비까지 부담해서 직접 배송해 주겠다고요. 참 고마웠어요."

파는 사람은 팔면서 행복하고, 사는 사람은 사면서 고마운 풍경입니다. 얼마나 좋습니까?

물건을 깎으려고 서로 실랑이를 하다가 마음 상할 필요가 없습니다. 그래서 입이 보배입니다("세상에 금도 있고 진주도 많거니와 지혜로운 입술이 더욱 귀한 보배니라" 15절). 보물이 많으면 무엇 하겠습니까? 입만 열면 사람을 기분 나쁘게 한다면 보물이 무슨 소용이 있겠습니까? 정직하고 지혜로운 입술이 훨씬 더 소중한 것입니다.

속이고 취한 음식물은 사람에게 맛이 좋은 듯하나 후에는 그의 입에 모래가 가득하게 되리라 잠 20:17

속인 것, 빼앗은 것, 노력하지 않고 얻은 것, 그런 것을 좋아하면 안 됩니다. 그 순간에는 좋은 것 같아도 모래를 씹은 것처럼 크게 실망하게 될 것입니다. 왜일까요? 정직하지 못하므로 하나님이 실망하게 만드실 것이기 때문입니다.

경영은 의논함으로 성취하나니 지략을 베풀고 전쟁할지니라 잠 20:18

전쟁을 하더라도 깊이 생각한 다음에 하라는 것입니다. 함께 머리를 맞대고 논의하다 보면 좋은 결론에 다다를 수 있습니다. 왜 이런 말을 할까요? 급하게 반응하는 속에는 피해의식이 들어 있습니다. '네가 나를 우습게 보는 거냐?' 다시 말해 자존심이 상해서 흥분하고 그래서 싸우려고 덤빈다는 것입니다. 먼저 자기를 정직하게 살피고 나서 전쟁을 할지 말지를 결정해야 합니다. 자기 분수도 모르고 무조건 덤볐다간 낭패를 보기 십상입니다.

지금의 나를 받아들이기

어떤 교수님이 은퇴 기념 논문집을 냈다고 해서 축하하러 갔습니다. 한 후배 목사님이 은퇴하신 그 교수님을 보고 "총장님!" 하고 불렀습니다. 그 순간 그분이 정색을 하며 이렇게 말했습니다.

"정확하게 불러 주세요. 나는 이제 총장도 아니고, 교수도 아닙니다. 나는 그냥 시골 아저씨입니다. 내가 왜 이렇게 말하는지 아세요? 늙어서 자기를 있는 그대로 받아들이지 않으면 이상한 사람이 됩니다. 과거를 잊어버리고 오늘 내 모습을 그대로 받아들이는 훈련을 해야 합니다."

지금의 나를 정직하게 받아들여야 합니다. '내가 옛날에 장관이었는데!' 하면서 여전히 장관 대접을 받으려고 하면 안 됩니다. 지금은 장관이 아니라는 사실을 인정해야 합니다. 그것이 정직한 자세입니다.

20절과 21절은 연결되어 있는 구절입니다("자기의 아비나 어미를 저주하는 자는 그의 등불이 흑암 중에 꺼짐을 당하리라 처음에 속히 잡은 산업은 마침내 복이 되지 아니하느니라"). 부모의 유산을 빨리 받고 싶어서 '빨리 나눠주지 않고, 뭘 꾸물거리지?' 하는 마음을 가지면 하나님께서 심판하신다고 합니다. 왜 유산을 빨리 받고 싶은가요? 쉽게 성공하고 빨리 잘되기를 바라기 때문입니다. 그러나 인생이란 금방금방 뭔가 이루어지는 것이 아닙니다. 조금씩 한 단계씩 성장하는 것입니다. 로마는 하루아침에 이루어지지 않았습니다.

왜 이런 얘기를 할까요? 초조해하지 말라는 것입니다. 빨리 내 생각대로 되지 않는다고 조급해하고, 실패했다고 낙심하지 말라는 것입니다. 이것도 훈련 과정입니다. 지혜를 얻는 과정이고, 인격이 성장하는 과정이며, 기초 공사를 하는 시간입니다.

많은 분이 뭐든 '빨리빨리' 하는데, 결정을 빨리하는 것은 좋지 않습니다. 선지자 사무엘은 하나님의 명령을 받고 이새의 아들 중 하나에게 기름을 부으려고 그 집으로 갔습니다. 맏아들을 보고 마음이 흡족해서 '왕이 될 만하구나' 생각했지만 그의 생각은 틀렸습니다. 하나님은 첫째도 아니고, 둘째도 아니고, 그다음도 아니었습니다. 그 자리에 있던 이새의 아들들 중 어느 누구도 하나님은 아니라고 하셨습니다. 그리고 마침내 들에서 양을 돌보던 다윗을 데려오자 그제야 하나님이 고개를 끄덕이셨습니다.

사무엘 같은 사람도 겉모습에 마음을 빼앗길 수 있습니다. 그러므로 멋지고 훌륭해 보여도 하나님께 여쭤보아야 합니다.

"제가 볼 때 이 사람이 좋은데, 하나님은 어떻게 생각하시나요? 정말 제 판단과 생각이 맞습니까?"

이렇게 여쭙는 자세가 필요합니다. 그럴 때 하나님은 우리를 가장 지혜로운 길로 인도하십니다.

> 너는 악을 갚겠다 말하지 말고 여호와를 기다리라 그가 너를 구원하시리라 잠 20:22

'나쁜 사람 버릇을 고치겠다, 내가 악을 갚겠다' 하다가 자기 자신이 더 나빠집니다. 내 마음이 황폐해집니다. 하나님께 맡기면 하나님이 갚아 주십니다. 내가 갚겠다고 하는 그 순간에 내가 하나님이 되는 것입니다. 하나님의 지혜와 능력을 부인하는 것입니다. 이것은 정직한 것이 아닙니다. 하나님을 바라보고 하나님을 생각하면서 정직하게, 천천히 서두르지 말고 여유를 가지고 나가야 합니다. 그럴 때 하나님께서 우리의 삶을 주장하시고, 우리 인생이 아름다워집니다.

인생 잠언

> 한결같지 않은 저울 추는 여호와께서 미워하시는 것이요 속이는 저울은 좋지 못한 것이니라 잠 20:23

한결같지 않은 추, 속이는 저울, 부당한 방법으로 이익을 얻으려는 시도는 안 됩니다. 비록 사람들은 모르고 속을지 몰라도 하나님이 그것을 내버려 두시지 않습니다. 그러므로 정직해야 합니다. 정직할 때 하나님이 갚아 주신다는 것을 믿어야 합니다.

구멍이 뚫린 전대를 생각해 보세요. 제아무리 쉬지 않고 열심히 모아도 전대에 구멍이 뚫려 있으면 아무 소용이 없습니다. 부정한 방법을 동원해서라도 벌 수 있겠지요. 그러나 하나님이 손해를 보게 하시면 대책이 없습니다. 그러므로 부정한 방법을 사용하지 말고, 정직한 방법으로 벌라는 것입니다.

한계를 인정하기

그렇다면 어떻게 해야 정직할 수 있을까요? "사람의 영혼은 여호와의 등불"(27절)입니다. 무슨 뜻입니까? 하나님은 우리 영혼의 깊은 곳까지 환하게 보고 계신다는 의미입니다. 그러므로 양심을 속여서는 안 됩니다.

> 젊은 자의 영화는 그의 힘이요 늙은 자의 아름다움은 백발이니라 잠 20:29

젊으면 힘이 있습니다. 피곤하지 않습니다. 이것이 자랑입니다.

4부 잘 살고 있습니까?

늙으면 백발이 됩니다. 노인의 영광은 지혜입니다. 서로 다릅니다. 그러므로 청년을 부러워할 필요가 없습니다. 청년처럼 운동한다고 자랑하지 마세요. 어떤 노인이 테니스 게임에서 졌습니다.

"한 번만 더 하자, 한 번만 더 하자."

얼굴이 노래져서 필사적으로 매달립니다. '그만하자'고 말해도 한 번만 더하자고 졸라댑니다. 한 게임 더 하다가 죽었습니다. 백발의 노인이 청년에게 힘으로 될까요? 안 됩니다. 자기의 장점과 한계를 아는 것도 정직입니다.

정직은 삶의 모든 영역에 해당합니다. 거짓말하지 않는 것이 아니라 하나님 앞에서 잔꾀를 부리지 않는 것입니다. 지금까지 살아온 인생을 돌이킬 수는 없습니다. 그러나 남은 인생은 어떻게 살아야 평탄하고 복잡하지 않을 수 있을까요? 하나님 앞에서 정직해야합니다. 잔꾀를 부리지 말아야 합니다. 그럴 때 평탄하고 행복한 삶이 될 것입니다.

인생 잠언

1. 내가 생각하는 정직한 모습은 무엇인가요? 하나님께서 원하시는 정직한 모습은 무엇일까요? 둘 사이에는 어떤 차이가 있나요?

2. 살아가면서 언제 나는 정직하지 못한가요? 왜 그러는 걸까요?

3. 하나님 앞에서 정직하려면 무엇이 필요할까요?

하나님 아버지!

정직을 사람 앞에서 거짓말하지 않는 것으로만 생각했습니다.

그러나 사실은 하나님 앞에서

내 영혼이 잔꾀를 부리지 않는 것임을 알게 하소서.

정직이 세상을 창조하고 다스리시는 하나님 앞에서

마땅히 유지해야 하는 자세임을 알게 하소서.

우리 모두 하나님 앞에서 정직한 인생이 되어

복잡하고 꼬인 삶이 아니라

평탄하고 행복한 삶을 살게 해주소서.

잠 21:1-12

1 왕의 마음이 여호와의 손에 있음이 마치 봇물과 같아서 그가 임의로 인도하시느니라
2 사람의 행위가 자기 보기에는 모두 정직하여도 여호와는 마음을 감찰하시느니라
3 공의와 정의를 행하는 것은 제사 드리는 것보다 여호와께서 기쁘게 여기시느니라
4 눈이 높은 것과 마음이 교만한 것과 악인이 형통한 것은 다 죄니라
5 부지런한 자의 경영은 풍부함에 이를 것이나 조급한 자는 궁핍함에 이를 따름이니라
6 속이는 말로 재물을 모으는 것은 죽음을 구하는 것이라 곧 불려다니는 안개니라
7 악인의 강포는 자기를 소멸하나니 이는 정의를 행하기 싫어함이니라
8 죄를 크게 범한 자의 길은 심히 구부러지고 깨끗한 자의 길은 곧으니라
9 다투는 여인과 함께 큰 집에서 사는 것보다 움막에서 사는 것이 나으니라
10 악인의 마음은 남의 재앙을 원하나니 그 이웃도 그 앞에서 은혜를 입지 못하느니라
11 거만한 자가 벌을 받으면 어리석은 자도 지혜를 얻겠고 지혜로운 자가 교훈을 받으면 지식이 더하리라
12 의로우신 자는 악인의 집을 감찰하시고 악인을 환난에 던지시느니라

19

하나님은
마음을 감찰하십니다

나의 마음을 보시는 하나님

제가 잘 아는 목사님 중에 병 고치는 능력을 가진 분이 있습니다. 어느 날 그분과 만나서 이야기를 하고 있는데, 기도를 받으러 여러 사람이 들어왔고, 목사님은 한 사람씩 기도해 주기 시작했습니다. 그런데 그중 한 명에게 안수기도를 하다가 이렇게 말했습니다.

"이상하네, 기도가 안 들어가요. 하나님이 회개기도를 한 다음에 다시 오라고 하십니다."

그 사람은 당황했고, 그래도 회개기도를 하라니까 한쪽 구석으로 가서 회개기도를 했습니다. 조금 후에 다시 와서 기도를 받으려 하자, 이번에도 아직 회개가 안 되었다며 다시 하라고 했습니다. 그 사람이 다시 가서 기도하고 있는데, 갑자기 목사님이 "이제 됐습니다. 오셔서 기도를 받으세요" 했습니다. 그러자 그 사람이 와서 기도를 받은 뒤 울기 시작했습니다.

"회개기도를 하라고 해서 얼마나 부끄럽고 민망했는지 모릅니다.

내가 무슨 큰 죄를 지었다고 기도가 들어가질 않나? 아무리 생각해도 그럴 만한 죄가 없어서 '아무튼 하나님 잘못했습니다. 저를 용서해 주세요. 이젠 됐겠지' 하고 왔는데, 아직도 안 되었다고 해서 당황했습니다. 그냥 돌아갈까 하다가 정말 궁금해졌습니다. '잘못이 뭔지 생각나게 해주세요.' 그런데 주중에 있었던 장면이 생각났습니다."

교회 행사 때, 담임목사님 방으로 과일을 깎아다 드리는 일을 하게 되었는데, 갑자기 마음속에 이런 생각이 들었답니다.

'나는 땀 흘려 일해서 목이 마른데, 목사님은 가만히 방에 앉아 있으면서 과일이 너무 많다.'

그래서 도중에 포크로 몇 개 집어먹고 표시 안 나게 해서 그냥 가져다드렸다는 것입니다. 그 장면이 생각나서 회개하고 있는데, 갑자기 목사님이 "됐습니다. 오셔서 기도를 받으세요" 해서 기도를 받다가 왈칵 눈물이 쏟아졌다고 했습니다. 자기도 까맣게 잊어버린 것을 생각나게 해서 회개하게 하시고, 그로써 담임목사님과의 신앙적 앙금을 해결해 주신 하나님께 너무 감사해서 말입니다.

"저 오늘 기도받으러 왔다가 몸도 치유되고, 목사님과의 영적인 갈등도 해결되었습니다. 제가 목사님을 무시하고 비판했던 것을 하나님이 얼마나 싫어하시는지 알게 되었습니다. 감사합니다."

저는 그날 하루 종일 하나님이 우리의 마음을 감찰하시는 분이라는 것을 깊이 생각하게 되었습니다.

위로입니까, 위협입니까

'하나님이 나를 감찰하신다'는 말은 가장 위로가 되기도 하고, 가장 두려운 말씀이기도 합니다. 내가 지금 어떤 상태인가를 가장 잘 보여 주기 때문입니다. 하나님이 내 마음을 감찰하신다는 것을 믿습니까? 이 말씀 한 구절만 제대로 믿어도 많은 문제가 해결될 것입니다. 우리 삶에 엄청난 변화가 일어날 것입니다.

우리 마음을 감찰하시는 하나님 앞에서 우리는 어떻게 살아야 할까요?

우리가 처해 있는 상황은 다양하고, 수시로 변합니다. 수시로 다양하게 변하는 상황 앞에서 우리는 어떤 선택을 해야 할까요? 결정하기가 쉽지 않습니다. 이럴 때는 원칙을 생각해야 합니다. 원칙은 철학적으로 '검증된 단순함'입니다. 아주 많고 복잡한 문제를 가장 쉽고 정확하게 해결할 수 있는 방법을 요약한 것입니다. 그러므로 좋은 원칙을 가지고 잘 활용하면 많은 문제를 쉽게 풀어 갈 수 있습니다.

원칙이 없으면 만나는 사건마다 허둥지둥하게 됩니다. 원칙이 있더라도 그것대로 적용하지 않을 때 허둥지둥하게 됩니다. 문제가 복잡할수록 원칙으로 돌아가야 합니다. 원칙이 분명하면 현실적으로 대안이 확실해집니다. 그런 점에서 '내 삶의 원칙은 무엇인가. 그리고 나는 그 원칙을 어떻게 실천하고 있는가?'에 대해 질문할 필요가 있습니다.

가장 중요한 삶의 원칙

우리 삶에서 가장 중요한 원칙, 특히 하나님의 백성에게 가장 중요한 원칙은 무엇일까요? '여호와를 기쁘시게' 하는 것입니다.

> 공의와 정의를 행하는 것은 제사 드리는 것보다 여호와께서 기쁘게 여기시느니라 잠 21:3

하나님을 기쁘시게 하는 것이 우리의 가장 중요한 가치이며 삶의 목적입니다. 복잡하지 않지요? 원래 원칙은 복잡하지 않습니다.

전에 어떤 세미나에 참석했는데, 장소를 제공한 회사의 벽에 걸린 표어가 매우 인상적이었습니다.

"하나님을 기쁘게, 사람을 기쁘게."

참 멋진 말입니다. 이렇게만 살 수 있다면 얼마나 좋겠습니까? 그러다 문득 다음 말씀이 생각났습니다.

> 이제 내가 사람들에게 좋게 하랴 하나님께 좋게 하랴 사람들에게 기쁨을 구하랴 내가 지금까지 사람들의 기쁨을 구하였다면 그리스도의 종이 아니니라 갈 1:10

"하나님을 기쁘게, 사람을 기쁘게"는 매우 멋진 말이지만 정확하게 말하면 공존할 수 없는 말입니다. 하나님과 사람이 동등하지 않기 때문입니다. 물론 하나님을 기쁘시게 하면 사람을 기쁘게 할 수 있습니다. 그러나 사람을 기쁘게 하는 것이 반드시 하나님을 기쁘시게 하는 것은 아닙니다. 그러므로 두 구절은 등가적이 아니라 종속적입니다. '하나님을 기쁘시게!' 이것이 중요하고, 그렇게 될 때 사람을 기쁘게!' 할 수 있는 것입니다. 순서가 바뀌면 안 됩니다. '하나님을 기쁘시게!'가 가장 중요하고 우선되는 가치입니다.

삶의 원칙이 '하나님을 기쁘시게'라면 어떻게 해야 하나님을 기쁘시게 할 수 있을까요? 그 비결이 1절입니다.

> 왕의 마음이 여호와의 손에 있음이 마치 봇물과 같아서 그가 임의로 인도하시느니라 잠 21:1

여호와의 손에 있다는 것은 하나님의 통제 아래 있다는 말입니다. 즉 하나님이 왕의 마음을 이끌고 있다는 말입니다. '봇물'은 무엇일까요? '보'(洑)란 댐입니다. 댐을 쌓고 그 안에 물을 가두었다가 필요한 곳으로 흘려보냅니다. 막았던 보를 열면 물이 쏟아져 나옵니다. 봇물 터지듯이요! 그런데 물은 아무 곳으로나 흐르지 않습니다. 수로를 따라 흘러갑니다. 하나님이 왕의 마음이 어느 쪽으로 흘러가도록 그 마음을 주장한다는 말입니다. 왕의 생각을 이끌어 간다는 것입니다. 왕이 자기 맘대로 하는 것 같아도 하나님이 그 마음을 어떻게 인도하는가가 중요합니다. 그런데 물은 낮은 곳으로 흐릅니다. 왕이 겸손하면 하나님의 인도를 받을 수 있습니다.

그러므로 왕에게 이 말씀은 '네 맘대로 하지 마라. 겸손하게 하나님의 인도하심을 받으라. 왜냐하면 너는 하나님의 도구이기 때문이다. 그러므로 하나님의 인도를 따라가라'는 의미가 됩니다. 백성에게는 '하나님의 인도함을 받는 지도자의 뜻을 존중하라. 그리고 지도자의 마음이 하나님의 인도를 잘 받도록 기도하라'는 의미가 됩니다. 그렇다면 우리에게는 어떤 의미일까요? 우리 각자는 자기 인생의 왕입니다. 내 문제는 내가 결정한다고 생각합니다. 다른 아무의 간섭도 바라지 않습니다. 그런데 내 마음이 내 마음대로 되는 것이 아닙니다. 내 마음은 나도 모릅니다. 그러므로 하나님이 내 마음을 바르게 인도해 주시기를 기도해야 합니다.

우리는 내 밭에, 내가 원하는 시간에, 내게 필요한 만큼의 물이 공급되기를 원합니다. 그러나 그 물을 어디로 흐르게 할지는 하나님이 결정하십니다. 안 믿는 사람들은 상황이 내 맘대로 흘러가지 않을 때 당황해서 어쩔 줄 몰라합니다. 그러고는 인생이 불행하다고 낙심하고 원망합니다. 그러나 믿음의 사람들은 하나님이 전체 그림을 보고 물을 흘러가게 하시므로 낙심하지 않습니다. 원망하지 않습니다. 하나님은 전체를 보고 가장 합당한 쪽으로 물이 흘러가게 하십니다. 나에게 그 물을 흘려 보내 주시면 감사하고, 남에게 보내 주시면 그 사람을 축복합니다. 이렇듯 하나님의 인도를 인정하면 우리 인생은 안심할 수 있고, 감사할 수 있습니다. 그러므로 하나님의 인도하심을 구하고 믿을 때, 하나님을 기쁘시게 할 수 있습니다.

인생 잠언

사람의 행위가 자기 보기에는 모두 정직하여도 여호와는 마음을 감찰하시
느니라 잠 21:2

내가 볼 때 나의 결정과 선택이 옳습니다. 그렇게 할 때 아무 문제가 없을 것 같습니다. 그래서 우리는 그 길이 막혔을 때 "하나님, 왜 이 길을 막으십니까? 왜 나의 수고를 몰라주십니까?" 하고 원망합니다. 하지만 하나님은 겉으로 드러난 것보다 내 마음의 깊은 부분, 숨은 동기를 살펴보십니다. 우리는 "결과가 좋으면 됐지, 그러면 다 좋은 것 아닌가?" 하지만 하나님은 "너는 왜 그 일을 하느냐? 무슨 동기로 그 일을 하느냐?"라고 묻고 또 물으십니다.

가장 중요한 동기는 '여호와를 기쁘시게' 하는 것입니다. 하나님을 기쁘시게 하려는 동기로 했다면 옳은 것입니다. 잘한 것입니다. 비록 그 길이 사람이 보기에는 미련하고 어리석고 손해 보는 것 같아도 하나님을 기쁘시게 하려고 했다면 잘한 것입니다. 반면에 사람이 볼 때 아무리 옳고 그럴듯해 보여도, 하나님이 기뻐하시지 않는다면 그것은 잘못된 것입니다. 많은 분이 질문합니다.

"목사님, 제 상황이 이렇습니다. 어떻게 하면 될까요?"

대답은 간단합니다.

"그것을 하나님이 기뻐하실까요?"

이 한 가지 기준이면 됩니다. 이 기준에 만족할 자신이 없다면 하지 말아야 합니다. '하나님이 기뻐하실까?' 이것이 가장 중요한 원칙이고 기준입니다.

순종이 제사보다 낫습니다

이스라엘이 아말렉과 전쟁할 때 하나님은 아말렉에게 속한 것은 남기지 말고 다 죽이라고 했습니다. 그런데 사울왕이 그 명령에 순종하지 않고 좋은 물건과 짐승을 남겨 두었습니다. 사무엘이 "왜 진멸하지 않았습니까?"라고 사울에게 묻자 사울은 이렇게 말합니다.

"하나님께 제사를 드리려고 그랬습니다."

불순종한 이유가 제사 때문이라는 겁니다. 핑계입니다. 그때 사무엘이 말합니다.

"순종이 제사보다 낫습니다."

제사는 인간이 하나님 앞에서 하는 가장 거룩한 행위입니다. 그러나 그 제사 속에는 자기 의와 고집이 들어갈 수 있습니다. 반면에 순종은 자기 생각을 내려놓고 하나님의 뜻을 받아들이는 것입니다.

많은 사람이 자기 마음대로 하면서, 하나님의 뜻에 불순종하면서 제사만 잘 드리면 된다고 착각합니다. 그러나 자기를 드리지 않고, 자기를 내려놓지 않고, 계속 죄를 지으면서 제사를 통하여 하나님과의 관계를 해결해 보겠다는 것은 잘못입니다. 이런 제사는 역겨운 것입니다. 그러므로 겉으로 드러난 제사보다 더 중요한 것은 그 사람의 마음속에 있는 순종입니다. 순종이 없는 제사, 말씀을 실천하지 않으면서 치장만 화려한 제사, 하나님은 절대 기뻐하시지 않습니다.

눈이 높은 것과 마음이 교만한 것과 악인이 형통한 것은 다 죄니라 잠 21:4

눈이 높은 것, 교만한 것, 악인이 형통한 것은 죄입니다. 그런데 사람들은 이것을 원합니다. 자꾸 높아지기 원하고, 잘못하면서도 잘되기를 바랍니다. 그러나 하나님은 여기에 대하여 분명히 못을 박으십니다.

"그것은 죄다. 그것을 따라가면 죽어!"

그러니 너무 멋있지 않아도 됩니다. 그렇게 대단해 보이지 않아도 좋습니다. 어디에 있든지 우리 마음이 오만하지 않고, 교만하지 않고, 악인의 형통을 부러워하지 않아야 합니다.

> 부지런한 자의 경영은 풍부함에 이를 것이나 조급한 자는 궁핍함에 이를 따름이니라 잠 21:5

'부지런한 자의 경영'이란 무슨 뜻일까요? 경영이란 계획성을 의미합니다. 계획성이 없는 부지런함은 허둥대는 것과 다를 바 없습니다. 무작정 부지런해져서는 안 됩니다. 이것을 공식으로 나타내면 '경영=부지런함+계획성'입니다. 하나님이 세상을 경영하십니다. 그러므로 너무 게을러도 안 되고, 너무 바쁘게 허둥대도 안 됩니다. 하나님은 부지런한 자의 경영을 기뻐하십니다.

부지런한 자의 경영과 반대되는 말이 탐심과 조급함입니다. 이것을 하나님이 얼마나 싫어하시는지를 알아야 합니다. 탐심과 조급함에서 뭐가 나올까요? 속임수와 폭력이 나옵니다. 속임수와 폭력은 죽음과 소멸, 구부러진 길을 남길 뿐입니다.

속이는 말로 재물을 모으는 것은 죽음을 구하는 것이라 곧 불려다니는 안개니라 악인의 강포는 자기를 소멸하나니 이는 정의를 행하기 싫어함이니라 죄를 크게 범한 자의 길은 심히 구부러지고 깨끗한 자의 길은 곧으니라

잠 21:6-8

"다투는 여인과 함께 큰 집에서 사는 것보다 움막에서 사는 것이 나으니라"(9절)는 무슨 뜻일까요? '여자들은 조용히 해라'는 뜻일까요? 아닙니다. 어떤 여인이라고 했나요? 다투는 여인입니다. 그런데 왜 다투는 것일까요? 고치려고 하기 때문입니다. 하지만 한평생 투정을 부려서 남편을 바꾼 여자는 없습니다. 한평생 아내를 가르쳐서 새사람 만든 남자도 없습니다. 50년을 살면서도 못 고쳤는데 아직도 싸우면 될까요? 잔소리와 투정을 그만두고 생각을 바꾸어야 합니다. '이 사람을 있는 그대로 받아 주자' 그러면 행복해집니다. 행복이란 겉으로 드러난 풍요함이나 화려함에 있지 않습니다. 오히려 서로 인정하고, 섬기고, 사랑하는 데 있습니다.

어떤 사람이 내 이웃일까요? 내가 잘되기를 바라는 사람입니다. 아무리 내 옆에 가까이 살아도 내가 잘되는 것을 좋아하지 않는다면 이웃이 아닙니다. 무슨 소리일까요? '너 자신이 좋은 이웃이 돼라. 그리고 남이 잘될 때 기뻐하는 사람이 돼라' 이런 사람을 하나님이 기뻐하십니다.

악인의 마음은 남의 재앙을 원하나니 그 이웃도 그 앞에서 은혜를 입지 못

하나님을 기쁘시게 하는 사람

인생의 원칙은 '하나님을 기쁘시게'입니다. 어떻게 해야 하나님을 기쁘시게 할 수 있을까요? 인도하심을 구해야 합니다. 하나님 앞에서 내면을 점검할 때 하나님께서 기뻐하십니다. 또한 공의와 정직을 행하며, 교만하지 않고 겸손하며, 악인의 형통을 부러워하지 않으며, 조급하게 돈을 모으려고 탐욕을 부리지 않을 때 하나님이 기뻐하십니다. 가정에서도 싸우기보다 있는 모습 그대로 서로를 수용하고, 섬기며 사랑할 때 기뻐하십니다.

우리에겐 언제나 선택의 순간이 다가옵니다. 그때 '이것을 하나님이 기뻐하실까?' 질문하고, 그렇다고 하면 행하고, 아니라면 중단하는 사람이 되어야 합니다. 그렇게 할 때, 하나님을 기쁘시게 하는 사람으로 살아가게 될 것입니다.

1. 우리 삶에서 가져야 할 가장 중요한 원칙은 무엇인가요?

2. 나는 괜찮다고 생각했는데, 하나님이 아니라고 했던 경우가 있었나요?

3. 선택의 순간에 우리가 하나님께 여쭤봐야 하는 것은 무엇일까요? 그리고 만약 그 선택이 하나님께서 원하시지 않는 것이라면 어떻게 해야 할까요?

마음을 감찰하시는 하나님 아버지!

우리는 겉으로 보이는 것에 너무 많은 가치를 두고 살아갑니다.

그러나 하나님은 우리의 중심을 보신다는 것을

확실히 알고 살게 하소서.

가치관의 혼란을 겪고 있는 우리에게 하나님은 말씀하십니다.

여호와를 기쁘시게 하는 것,

이것이 가장 중요한 가치이며 원칙이라는 것을!

수많은 선택의 순간에 '하나님을 기쁘시게!'라는

기준과 원칙을 기억하게 하시고,

하나님을 기쁘시게 하는 것을

삶의 목적으로 삼아 살아가게 하소서.

13 귀를 막고 가난한 자가 부르짖는 소리를 듣지 아니하면 자기가 부르짖을 때에도 들을 자가 없으리라

14 은밀한 선물은 노를 쉬게 하고 품 안의 뇌물은 맹렬한 분을 그치게 하느니라

15 정의를 행하는 것이 의인에게는 즐거움이요 죄인에게는 패망이니라

16 명철의 길을 떠난 사람은 사망의 회중에 거하리라

17 연락을 좋아하는 자는 가난하게 되고 술과 기름을 좋아하는 자는 부하게 되지 못하느니라

18 악인은 의인의 속전이 되고 사악한 자는 정직한 자의 대신이 되느니라

19 다투며 성내는 여인과 함께 사는 것보다 광야에서 사는 것이 나으니라

20 지혜 있는 자의 집에는 귀한 보배와 기름이 있으나 미련한 자는 이것을 다 삼켜 버리느니라

21 공의와 인자를 따라 구하는 자는 생명과 공의와 영광을 얻느니라

22 지혜로운 자는 용사의 성에 올라가서 그 성이 의지하는 방벽을 허느니라

23 입과 혀를 지키는 자는 자기의 영혼을 환난에서 보전하느니라

24 무례하고 교만한 자를 이름하여 망령된 자라 하나니 이는 넘치는 교만으로 행함이니라

25 게으른 자의 욕망이 자기를 죽이나니 이는 자기의 손으로 일하기를 싫어함이니라

26 어떤 자는 종일토록 탐하기만 하나 의인은 아끼지 아니하고 베푸느니라

27 악인의 제물은 본래 가증하거든 하물며 악한 뜻으로 드리는 것이랴

28 거짓 증인은 패망하려니와 확실히 들은 사람의 말은 힘이 있느니라

29 악인은 자기의 얼굴을 굳게 하나 정직한 자는 자기의 행위를 삼가느니라

30 지혜로도 못하고, 명철로도 못하고 모략으로도 여호와를 당하지 못하느니라

31 싸울 날을 위하여 마병을 예비하거니와 이김은 여호와께 있느니라

20

잘 산다는 것은

드려서 손해 보는 법은 없습니다

어떤 권사님이 하소연을 했습니다.

"목사님, 제 아들이 결혼하기 전에는 어머니 용돈으로 쓰시라고 매달 50만 원씩 꼬박꼬박 주었는데, 결혼하더니 그날부터 뚝 끊었습니다. '애, 왜 안 주니?' 그랬더니 '저도 먹고살아야지요' 그러는 겁니다. 제가 아들 연봉을 알거든요. 수억 원을 버는 고액 연봉자입니다. 며느리도 전문가라서 그 정도 버는 줄 뻔히 아는데 너무 서운합니다."

그래서 제가 말했죠.

"권사님, 돈 있잖아요? 그런데 뭘 그러세요?"

"아, 돈이야 있지요! 그래도 자식에게 받는 재미가 얼마나 좋은데요. 그것 받아서 제가 쓰겠습니까? 사실 그 돈에다가 제 돈을 보태서 아들 이름으로 적금을 들었습니다. 때가 되면 '옛다, 내가 네 이름으로 모았으니 가져가거라!' 하려고요. 그런데 자식들은 제 마음도 모르고 싹 끊어 버렸습니다. 그래서 이제는 저도 더 이상 신경 쓰지 않고 그 적금 해약해서 써 버리려고 합니다."

그래서 "그러세요. 잘 생각하셨습니다" 이렇게 말하고 웃었습니다.

부모님께 드려서 손해 보는 법이 있을까요? 없습니다. 그런데도 똑똑한 자식들이 미련한 짓을 합니다. 하나님께도 마찬가지입니다. 하나님이 보실 때 "그래 잘했다, 참 기쁘다!" 하는 칭찬을 받아야 복입니다. 그런데 그 하나님 앞에서 머리를 굴린다면 미련한 사람입니다.

2018년 연말의 일입니다. 우리 교회는 어떤 일을 했는가, 나는 무엇을 잘했는가, 무엇을 잘못했는가 한 해를 돌아보면서 하나님께 질문했습니다.

"올해 수서교회가 한 일 중에 어떤 일이 가장 기쁘셨습니까?"

저는 의외의 대답을 들었습니다.

"비전헌금을 한국 교회를 위해 내놓은 것이다."

헌당예배를 드리면서 수서교회를 향해 주신 축복에 대해 어떻게 감사할 것인가 고민하다가 전체 건축헌금의 십일조인 10억 원을 한국 교회를 위해 내놓았습니다. 우리의 기쁨이 우리 안에서 끝나지 않고 흘러가기를 바라서 그런 결정을 한 것입니다. 그 결정이 하나님을 기쁘시게 한 모양입니다.

"내가 그 헌금을 기쁘게 받았느니라. 내가 너와 수서교회에 복을 주겠다."

인생 잠언

이 말씀을 듣고 감격해서 눈물을 뚝뚝 흘렸습니다. 하나님이 주신 것을 가지고 나눈 것인데 그것을 기뻐하시며 또 복을 주신다니! 저는 그때 하나님의 마음을 알았습니다. 그래서 기도했습니다.

"정말 꼭 필요한 사람에게 가기를 바랍니다. 그래서 우리는 주는 기쁨을 배우게 하시고, 제2, 제3의 비전헌금이 생겨나게 하시고, 더 나아가 많은 교회가 도전을 받고 용기를 얻게 하소서."

돈에 붙들린 시대

우리는 돈이 많으면 잘 산다고 말합니다. 그러나 아닙니다. 돈이 많아도 잘못 살 수 있고, 돈이 없어도 잘 살 수 있습니다. 어떤 것이 잘 사는 것일까요?

SK그룹의 고(故) 최종현 회장은 종종 이렇게 말했습니다.

"처음에는 돈을 버는 것이 어렵다고 생각했다. 그러나 어느 정도 벌고 나니 간수하기가 어려웠다. 그런데 이제는 돈을 어떻게 쓰느냐가 제일 어렵다는 것을 느낀다."

그래서 그는 한국고등교육재단을 만들었습니다. 인재를 뽑아 장학금을 주어 공부하게 하고, 호텔로 초청해 인생 이야기도 나누고, 그들에게서 정보도 듣고 그랬다고 합니다.

돈은 벌기도 어렵고, 모으고 관리하기도 어렵고, 쓰기도 어렵습니다. 그래서 "잘 벌게 해주세요"라고 기도해야 합니다. "잘 모으고 관리하게 해주세요"라고 기도해야 합니다. 그러나 가장 중요한 것은 "어떻게 써야 할까요? 잘 쓰게 해주세요"라는 기도입니다. 우리가 이 기도를 할 때 하나님께서 얼마나 기뻐하실까요?

예수님은 이 땅에 계실 때 많은 말씀을 하셨습니다. 말씀의 주제는 하나님 나라입니다.

"하나님의 나라가 가까이 왔다. 회개하고 복음을 믿어라."

그런데 말씀하신 내용 중에 돈과 관련된 이야기가 가장 많습니다. 신약성경에는 믿음에 관한 말씀이 215개, 구원에 관한 말씀이 218개, 돈에 대한 말씀이 2084개나 됩니다. 예수님의 비유 38개 중 16개가 돈과 관련된 내용입니다. 왜 그럴까요? 예수님이 돈을 좋아해서일까요? 아닙니다. 그만큼 사람들의 마음이 돈에 붙들려 있기 때문입니다. 하나님 나라를 향해 제대로 걸어가기 어려운 것을 보고 그들을 치료하려고 말씀하신 것입니다.

현대 사회는 얼마나 돈에 붙들려 있을까요? 돈이 '삶의 목적'이 되었습니다. 모든 사람의 목표가 돈이고, 돈이 모든 것의 가치 기준이 되었습니다. 앞으로도 더욱더 '돈이 없으면 살 수 없다. 오직 돈, 돈, 돈!' 하며 살 것입니다. 그런데 우리나라는 역사 이래로 지금이 가장 잘삽니다. 하지만 돈에 붙들려 살아가고 있다면 진정한 의미로 잘 사는 것은 아닙니다.

잘 살려면 책임감을 가져야 합니다

잘 살기 위해서 생각해야 할 것이 있습니다.

귀를 막고 가난한 자가 부르짖는 소리를 듣지 아니하면 자기가 부르짖을 부자는 언제나 부자이고, 가난한 사람은 언제나 가난하지 않습니다. 돌고 도는 것이 돈입니다. 지나온 삶을 돌아보면 알 수 있습니다. 어릴 때 가난했다고 지금도 가난합니까? 어릴 때 부자였다고 지금도 부자인가요? 아닙니다. 짧은 인생을 보아도 빈부가 교차합니다. 가진 사람들은 재산을 보호하려고 애를 쓰고, 가능하면 돈 있는 사람들과 결혼해서 계속 부를 유지하려고 합니다. 그렇게 되면 좋겠지만 장담할 수 없습니다. '나는 너에게 도움 받을 일이 없을 거다' 이렇게 생각한다면 잘못입니다.

물질에는 책임이 따르게 마련입니다. 그 책임은 도움의 요청이 있을 때 귀를 막지 않는 것입니다. 베푸는 마음을 가지고 살아야 합니다. 어떤 사람은 이렇게 말합니다.

"세상에 어려운 사람이 얼마나 많은데, 어떻게 그 많은 사람을 다 도울 수 있는가?"

어떤 구호단체에서 이런 표어를 제정했습니다.

"한 번에 한 사람씩!"

내가 세상의 모든 사람을 도와주지 못합니다. 그러나 먼저 한 사람을 도와주고, 그런 다음 두 사람, 다섯 사람, 열 사람 이렇게 늘려가며 도울 수는 있습니다. "모든 것을 할 수 없기 때문에, 어떤 것도 할 수 없다"는 말은 잘못된 것입니다. 기회가 있을 때 도와주면, 나도 언젠가 도움이 필요할 때 도움을 받게 됩니다.

그러면 어떻게 도와주어야 할까요? 주는 데도 지혜가 필요합니다.

> 은밀한 선물은 노를 쉬게 하고 품 안의 뇌물은 맹렬한 분을 그치게 하느니라 잠 21:14

선물이 감사와 사랑으로 주는 것이라면, 뇌물은 나의 목적을 달성하기 위해 주는 것입니다. 전혀 다른 것입니다. 그러나 준다는 공통점이 있습니다.

만일 두 사람이 서로에게 분한 마음을 가지고 있다고 합시다. 깨어진 관계입니다. 그렇더라도 내가 먼저 베풀면 상대는 분노를 가라앉히고 관계를 회복할 수 있습니다. 주는 것은 이처럼 효과가 큽니다. 주고받고 하면서 마음이 오가고 관계가 회복됩니다. 그러므로 주는 것은 손해 보는 일이 아닙니다. 비록 관계가 불편했더라도 잘 주는 것을 통해서 회복의 기회를 얻을 수 있습니다.

주되 가능하면 어떻게 주어야 할까요? 은밀하게 주어야 합니다. '뭐가 겁나서 몰래 주는가?' 그런 뜻이 아닙니다. 가능하면 '나, 이런 일 한다. 아무개를 돕는다!'고 떠들지 말라는 것입니다. 받는 사람의 입장에서 생각하라는 것입니다. 상은 알리고 주어야지요. 그러나 구제는 은밀히 주어야 합니다. 그래야 자존심을 상하게 하지 않을 수 있습니다.

인생 잠언

잘 살려면 검소해야 합니다

두 번째로 검소한 삶을 살아야 합니다. 17절의 "연락을 좋아하는 자는 가난하게 되고 술과 기름을 좋아하는 자는 부하게 되지 못하느니라"에서 '연락'이란 무엇일까요? 쉽게 말하면 육체를 위한 즐거운 잔치입니다. 자기 자신을 기쁘게 하는 것입니다. 술과 기름, 무절제한 향락, 이런 것을 즐기면 몸도 마음도 영혼도 가난해집니다.

사람들이 돈을 버는 목적은 자기를 기쁘게 하기 위해서입니다. 향락을 위해서입니다. 입으로는 그렇게 말하지 않아도 실제로는 그렇게 돈을 씁니다. 화려하게 치장하고 사치하고 값비싼 물건으로 집을 채우며, 자기의 즐거움을 위해 살아갑니다. 그러니까 사치와 방탕에 빠지지 말라는 것입니다. "아니, 내 돈을 가지고 내가 쓰는데 무슨 상관이냐?" 아닙니다. 집도, 옷도 내 재산과 지위에 비해 약간은 검소한 것이 좋습니다. 옛날 사람들은 이것을 '덕'이라고 했습니다. 이것이 안전합니다. 그럴 때 반감이 없어지고 존경과 권위가 생겨납니다.

결국 잔치는 끝이 납니다. 그런데 잔치 때 다 써버리면 정작 현실에서는 무엇을 먹고 삽니까? 때문에 있다고 해서 너무 사치와 연락에 빠지면 안 됩니다. 국민일보와의 인터뷰에서 기자가 물었습니다.

"수서교회가 많은 돈이 있는 것도 아닌데, 어떻게 그렇게 큰 비전 헌금을 마련했습니까?"

저는 제 표어를 인용해서 대답했습니다.

"아끼고 아껴서 아낌없이 주자."

자원은 무한정 있는 것이 아닙니다. 한계가 있지요. 그러니 아껴야 합니다. 아껴야만 그것을 가지고 의미 있는 일을 할 수 있습니다. "나는 주기도 싫고 쓰기도 싫어. 모으기만 할 거야" 하고 악착같이 모으기만 하면 될까요? 여기에 대한 대답이 18절입니다.

> 악인은 의인의 속전이 되고 사악한 자는 정직한 자의 대신이 되느니라
> 잠 21:18

악인이 모아 놓은 많은 재물은 누가 사용합니까? 의인이 사용합니다. 이것이 하나님의 공식입니다. 악인은 모아 놓을 뿐입니다.

사랑하는 아내와 남편 간에도 돈 때문에 다툼이 많습니다. 미국의 가정 문제 연구가인 돌로레스 큐란(Dolores Curran)은 기혼 남자의 58%와 기혼 여자의 66%가 돈 문제를 자기 가정의 가장 큰 스트레스로 꼽고 있다고 말했습니다. 부부 싸움의 70%는 돈 때문이라는 통계도 있습니다. 싸움의 이유는 수입이 부족하다는 것입니다.

돈 때문이 아니라 마음 때문에

싸우지 않기 위해서 아내는 남편이 벌어 온 돈의 가치를 인정해야 합니다. 정직하고 성실하게 번 돈은 너무나 소중하고 자랑스러운 것입니다. 그 범위 안에서 알뜰하게 사용하면 됩니다. 그렇지 않고 부족하다고 하면 남편이 어떻게 하겠습니까? 잘못된 길로 갈 수

인생 잠언

밖에 없습니다. 남편이 바른길을 가는 비결은 아내의 감사에 있습니다. 가져온 것을 가지고 살림을 잘하는 것도 버는 것입니다. 돈때문에 걱정할 수 있지만, 그로 인해 다투지 말아야 합니다. 물질 때문에 화목을 깨지 말라는 것입니다.

> 지혜 있는 자의 집에는 귀한 보배와 기름이 있으나 미련한 자는 이것을 다
> 삼켜 버리느니라 잠 21:20

'귀한 보배와 기름'이란 히브리어로 '오짜르 네흐마드 봐쉐멘'으로, '창고와 부엌에 가득한 물건들'을 의미합니다. 어떤 행사에서 사용하기 위해 잘 준비된 물건들을 말합니다. 이것은 저축을 강조하는 말입니다. 지혜로운 사람은 필요할 때를 대비해 잘 준비합니다. 그러나 미련한 사람은 다 삼켜 버립니다. 그래서 부족하다, 모자라다고 불평합니다.

> 공의와 인자를 따라 구하는 자는 생명과 공의와 영광을 얻느니라 잠 21:21

우리 행동의 방향은 '공의'와 '인자'입니다. 공의만 있으면 차갑고, 인자만 있으면 무질서합니다. 두 가지가 함께 있어야 온전한 인격입니다. 이를 경제문제에 대입하면 '돈을 벌 때는 의롭게, 베풀 때는 인자함으로'란 의미가 됩니다.

돈이 없어서 불행합니까? 그러나 아닙니다. 돈이 없어서 불행한

것이 아니라 잘못된 말 때문에 불행합니다. 그러므로 돈과 재산을 지키려고 애쓰는 것보다 더욱 입술을 지키고 말조심하는 것이 중요합니다("입과 혀를 지키는 자는 자기의 영혼을 환난에서 보전하느니라" 23절).

돈이 없으면 망했다고 하는데, 아닙니다. 돈을 잃은 것뿐입니다. 그것을 통해 새로운 길로 인도함 받을 수도 있습니다. '돈 없이 어떻게 살아?' 다 삽니다! 손해를 보았다고 화가 난다고 화를 낼 필요가 없습니다. 돈이 아니라 화내고 원망하는 말 때문에 불행해지는 것입니다. 돈이 뭐라고 그것 때문에 죽습니까? "나는 돈도 못 벌고 실패한 인생이야!" 아닙니다. 돈이 없으면 다 실패한 것일까요? 반대로, 돈이 있다면 다 성공한 것인가요? 그렇지 않습니다. 돈 때문에 잘못 말하는 그것 때문에 불행합니다.

게으르면서 욕심도 많다면 잘못된 길로 갈 수밖에 없습니다. 욕심이 있다면 부지런하든지, 게으르다면 욕심을 버리든지 해야 합니다. 일하기는 싫고, 잘살고는 싶고, 이것이 망조입니다. 그런데 많은 사람이 그것을 원합니다. 잘못 사는 것입니다.

그렇다면 욕심에 붙들려서 부지런히 일만 하면 될까요? 아닙니다. 손을 펴서 도와야 합니다. 어떤 사람은 끝도 없이 욕심을 부립니다. 그런 사람은 죽을 때까지 모아도 부자가 못됩니다. 어떤 사람이 부자입니까? 만족하는 사람입니다. 아무리 많아도 계속 부족함을 느껴 벌기만 바라면 그 사람은 부자가 아닙니다. '작지만 베풀며 살아야지' 이런 마음을 가진 사람이 부자입니다("어떤 자는 종일토록 탐하기만 하나 의인은 아끼지 아니하고 베푸느니라" 26절).

27절에서 '악인의 제물'이라는 것이 나오는데("악인의 제물은 본래 가증하거든 하물며 악한 뜻으로 드리는 것이랴"), 제물은 헌금입니다. 헌금은 믿음과 헌신의 표시입니다. 이것을 하나님이 주셨다는 믿음과 그 은혜에 대한 감격이 헌신으로 나타나는 것입니다. 우리의 믿음과 헌신으로 드리는 헌금은 하나님께서 기쁘게 받으십니다. 그러나 악인의 제사는 받지 않으십니다. 악인의 제사는 가인의 제사인데 사람을 의식하며 드리는 제사입니다. 또 인색한 마음으로 드리는 제사입니다. 교만한 마음으로 드리는 제사입니다. 이것을 통해 뭔가 더 얻어내려는 마음으로 드리는 것이 악인의 제물입니다. 그러므로 잘못된 제물이 아니라 올바른 제물을 드려야 합니다. 물질 때문에 하나님께 올바른 예배를 드리지 못한다면, 예배를 통해 하나님의 복을 받지 못한다면, 어리석은 것입니다.

성공은 하나님이 주십니다

본문의 결론은 30-31절에 있습니다.

> 지혜로도 못하고, 명철로도 못하고 모략으로도 여호와를 당하지 못하느니라 싸울 날을 위하여 마병을 예비하거니와 이김은 여호와께 있느니라 잠 21:30-31

지혜, 명철, 모략, 그 어느 것으로도 하나님을 당할 수 없습니다. 사람이 전쟁을 준비하고 싸우지만, 승리는 하나님께 달려 있습니다. 전쟁 준비는 매우 철저해야 합니다. 어설프게 하면 다 죽습니다. 전쟁을 하기로 결정했다면, 목숨을 걸고 준비해야 합니다. 사람을 모으고, 군비를 축적하고, 작전을 세우고, 죽을힘을 다해 싸워야 합니다. 그러나 승리는 하나님이 주셔야 합니다.

자, 이것을 경제문제에 대입해 보면 어떨까요? 죽을힘을 다해 일하고 돈을 벌고 모으고 관리하고 애를 쓰지만 잘살게 하시는 분은 하나님입니다. 우리는 하나님의 지혜와 모략을 이길 수 없습니다. 그런 하나님이 잘 사는 길을 가르쳐 주시고 그 길로 가라고 하는데, 내가 똑똑한 척 잔꾀를 부리며 그 길로 가지 않으면서 잘 살아 보겠다고 합니다. 복의 근원이신 하나님의 뜻을 역행하면서 잘 살아 보겠다고요? 가능할까요? 아닙니다. 우리는 하나님을 못 이깁니다. 그러므로 하나님의 명령과 말씀을 어기면서 잘 살려는 시도는 어리석은 것입니다. 결국 진정으로 잘 사는 길은 하나님께 있고, 그 뜻을 따를 때 주어지게 됩니다.

요즘 경제가 어렵고 불안합니다. 이럴 때 돈 얘기하기가 부담스럽습니다. 더구나 베풀며 살라는 말은 꺼내기도 어렵습니다. 그러나 어려울수록 원칙으로 돌아가야 합니다. 정말 하나님 보시기에 잘 산다는 의미가 무엇인가 질문해야 하고, 그렇게 살려고 노력해야 합니다. 그럴 때 하나님이 복을 주셔서 정말 잘 살게 하실 것입니다. 이 은혜가 함께하시길 축원합니다.

함께
이야기하기

1. 내가 재정을 사용하는 방법이나 원칙이 있다면 무엇인가요?

2. 돈을 대하는 나의 자세는 어떠해야 하나요?

3. 하나님 보시기에 잘 산다는 의미는 무엇일까요? 그리고 나는 어떻게 살아가고 있나요? 또 재정을 위해 하나님께 어떻게 기도하고 있나요?

함께
기도하기

살아 계신 하나님!
세상 사람들의 관심과 목적이 돈에 붙들려 있습니다.
잘살려고 혈안이 되어 있습니다.
그러나 하나님이 보시기에 잘 사는 사람이 되게 하소서.
돈이 아니라 그것을 벌게도 하시고 모으게도 하시고
쓰며 누리게도 하시는 하나님을 신뢰하게 하소서.
빈부는 교차한다는 것을 인정하고 겸손하게 하시고,
사치와 낭비를 피하고 검소하게 하시며,
물질 때문에 다투거나 함부로 말하지 않고, 힘껏 베풀며,
하나님 앞에 온전한 제물을 드리며,
복의 근원이신 하나님이 제시한 길을 따라가게 하소서.
그래서 잘 살게 하시는 복을 받게 하소서.
성도들의 삶에 개입하셔서
하나님의 인도를 받는 현장이 되게 하소서.